Bernhard Philberth · Christliche Prophetie und Nuklearenergie

Christliche Prophetie und Nuklearenergie

von

Bernhard Philberth

R. Brockhaus Verlag Wuppertal

R. Brockhaus Taschenbücher Bd. 75

Vom Verfasser bearbeitete und gekürzte Ausgabe

Ungekürzte Originalausgabe: Christiana-Verlag, Stein am Rhein
Pattloch-Verlag, Aschaffenburg

12. Taschenbuchauflage 1977

Umschlag: Daniel Christoff
Gesamtherstellung: Breklumer Druckerei Manfred Siegel

ISBN 3-417-00147-1

VORWORT

Nie zuvor hat je die Gefahr bestanden, daß die Erde durch Menschenwerk unbewohnbar gemacht werden könnte. Ein vielseitiges, verwickeltes Geschehen bedroht heute die Erde; heute in diesem Jahrzehnt nach 1960, in welchem Physik und Technologie überraschend und unerwartet mit den Parusiereden Christi und der Apokalypse zusammenführen. In diesem unheimlichen Schnittpunkt wird das Ende der Geschichte, die Aberntung der Erde zur potentiellen Gegenwart.

Maschinenhaft schreitet die Entwicklung weiter; diktiert von der Physik und Technologie; Politik und Strategie in ihren Bann ziehend; alle Wissenschaften zum Dienste rufend. Aber dennoch fällt die Entscheidung über Sein und Nichtsein nicht in den Laboratorien und Waffenarsenalen, auch nicht in den Regierungen und Stäben, sondern in der Gnade und Gerechtigkeit des Schöpfers und Herrn der Welt. Diesen besticht keine Macht und dieser wägt nur den Menschen. Wie sehr auch immer seelenlose Apparate zu wirken beginnen: Entscheidend für den Fortbestand ist die Anerkennung Gottes des Herrn. Und Ursache für den Untergang ist die Selbstvergötterung des Menschen in seinem Wahn. In dieser Zeit der Preisgegebenheit, die sich vor den drohend jagenden Ereignissen tödlich ängstigt, leuchten die prophetischen Worte Christi und der Apokalypse mit Urgewalt auf: Als Bestärkung für den Christen, zur Bestürzung für den Gottlosen.

Verpflichten die prophetischen Bibelworte folgenschwer zu ganz konkreter Anwendung oder ist dies törichte Vermessenheit? Gestatten die prophetischen Bibelworte schonend die Betrachtung als allgemeine Weisheit oder ist dies rückversichernde Unverantwortlichkeit? Die Antwort ergibt sich aus der Zeit. Der Ruf des Herrn in der Zeit läßt sich überhören; nicht aber der Donner des nuklearen Feuers, vor dem heute die Erde erzittert.

Vorliegende Darstellungen sind keine wissenschaftlichen Ausführungen, die zwingen könnten. Es sind Betrachtungen der gewaltigen Geschehnisse, die von Gott ebenso seit Ewigkeit erkannt sind, wie sie durch den Menschen in der Endphase einer sich überstürzenden Entwicklung frei verwirklicht werden. Es sind Betrachtungen, die jeden angehen und von jedem guten Willen und kritische Aufmerksamkeit verlangen, die aber ein jeder rückhaltlos für sich anstellen muß. Niemand darf und kann sich über diese Dinge eigene Betrachtung, eigenes Prüfen, eigenes Urteilen abnehmen lassen, denn jeder steht allein, ganz allein vor der letzten Entscheidung.

München, Januar 1962 — Bernhard Philberth

Die christliche Prophetie

Die christliche Prophetie des Neuen Bundes umfaßt die Parusiereden Christi in den Evangelien von Matthäus, Markus, Lukas und die Apokalypse (Geheime Offenbarung) als unveränderlichen Bestand der Bibel aller christlichen Kirchen und aller christlichen Glaubensgemeinschaften überhaupt. Diese christliche Prophetie hat bereits vor 2000 Jahren Ereignisse festgestellt, die heute noch in der Zukunft liegen; möglicherweise in naher Zukunft. Die gesamte Konstitution, die verschiedenen Gegebenheiten, Kräfte, Bewegungen haben sich inzwischen vollständig geändert. Die Zeitspanne ist so überaus groß und dieser Wandel so überaus durchgreifend, daß die christliche Prophetie keinesfalls als eine »natürliche Voraussehbarkeit« betrachtet werden könnte.

Zweifellos können sehr geistreiche, scharfsinnige und einsichtige Leute aus gegebenen Verhältnissen und Strömungen die künftige Entwicklung mit wesentlich größerer Sicherheit voraussagen, als gewohntermaßen möglich ist. Wenn das Weltgeschehen einschließlich des menschlichen Handelns nicht streng determiniert ist, ergeben sich auf diese Weise nie genaue und sichere Voraussagen, sondern immer nur mehr oder minder wahrscheinliche Voraussagen. Sie werden naturgemäß um so ungenauer und unwahrscheinlicher, je größeren Zeitspannen sie vorgreifen und je rascher sich undeterminierte Wandlungen vollziehen.

Voraussagen auf Grund vernünftiger Überlegung und intellektueller Schlußfolgerungen ist aber auch nicht das, was man unter Prophetie versteht. Unter Prophetie versteht man eine Wahrnehmung von Zukünftigem; ähnlich wie man jetzt das Gegenwärtige wahrnimmt.

Prophetie bewegte die Menschen schon immer und überall; nicht nur der Inhalt konkreter Prophezeiungen, sondern vor allem die Frage nach dem Wesen der Prophetie und nach der Möglichkeit der Prophetie. Jeder geistige Mensch setzt sich früher oder später mit diesen Fragen auseinander.

Bei den meisten Menschen entspringt der Hang zur Zukunftsdeuterei dem Wunsch nach primitiver Nutznießung, verbunden mit dem Reiz des Außergewöhnlichen. Eine unglaubliche Kritiklosigkeit hält ein Heer von Astrologen, Okkultisten, Spiritisten, Hell- und Schwarzsehern auf den Beinen. Man kann Zukunftsprognosen immer so formulieren, daß sie weit und breit Anklang finden.

Es sind nur gewisse psychologische Regeln zu befolgen, denn die Menschen sind einander viel ähnlicher, als man wahrhaben möchte: Man sagt den Menschen vor allem, was deren eigene Ansicht und Erwartung bestätigt, denn solches verbindet von vorneherein — und wer möchte später eine Selbsttäuschung einsehen. Man macht hierbei gewisse Vorbehalte; denn solche wirken angenehm bescheiden und vornehm zurückhaltend — und geben Rückendeckung. Man sagt dabei etwas, das bewußt schmeichelt; denn solches findet sofort plumpen Glauben — und kaum jemand möchte solches durchschauen und ablehnen. Man sagt dann etwas, was nach dem üblichen Sittengesetz zwar einen Tadel darstellt, aber dabei mit billigendem Unterton eine Untugend bezeichnet, in die die Menschen innerlich doch verliebt sind; solches riecht nach Kritik und dispensiert dabei wohltuend-individuell von der allgemeinen Ordnungsregel. Schließlich kündet man — nach Belieben — Erfolg oder Mißerfolg, Glück oder Unglück, Stimmung oder Mißstimmung; solches läßt konkrete Sachlichkeit vermuten — und trifft unter anderem immer zu, denn bei jedem mischt sich fortwährend Erfolg mit Mißerfolg, Glück mit Unglück, Stimmung mit Mißstimmung. Dankbar kommen die Menschen solcher Scharlatanerei entgegen: Zukunftsprognosen, denen trotz aller Zurechtdeutung die Tatsachen hohnsprechen, werden bereitwillig vergessen und dafür diejenigen zeitlebens im Gedächtnis bewahrt, die im Rahmen der normalen Zufälligkeit den Tatsachen besser entsprochen haben.

Es wäre aber doch verfehlt, wenn man in einer derartigen psychologischen Schwäche und deren geschäftlichen Ausnutzung den eigentlichen Grund für die Anteilnahme der Menschen aller Kulturkreise und -epochen an der Zukunftsdeutung und Prophetie sehen wollte. Der eigentliche Grund liegt in einem dem Menschen eigenen Drang, das Unbekannte zu erforschen und dem Übernatürlichen näherzukommen. Der tiefere Grund liegt in einer Macht, die den Menschen über das Tier erhebt und ihm den Fortschritt zu hoher Kultur und Zivilisation überhaupt ermöglicht hat. Solange nicht dieser Drang sich im Materiellen erschöpft oder in Götzendienst und Aberglauben entartet, ist er die Ursache jeglicher höherer Vervollkommnung. Die materialistischen Ideologien sehen sich zu großen aussichtslosen Anstrengungen gezwungen, mit diesseitigem Ersatz diesen Urtrieb des Menschen zu befriedigen. Das Christentum erkennt in der Suche nach Gott und Seinem Reich eine notwendige Vorbedingung zur Erlangung des Heils »Suchet und ihr werdet finden« (Mt 7, 7).

Was würde das Bestehen etwaiger wirklicher Prophetie gegenüber der Geschichte und der Freiheit bedeuten?

Großer Scharfsinn ist notwendig, um die Nichtexistenz einer Willensfreiheit theoretisch zu beweisen. Nicht weniger Scharfsinn ist notwendig, um die Existenz einer Willensfreiheit zu beweisen; in Gedankenwinkelzügen, die dem Menschen nicht ans Herz greifen. Ob philosophische Überlegungen wahr oder unwahr sind, ist nicht eine Frage des richtigen oder falschen Denkens, sondern mehr eine Frage der impliziten Voraussetzungen, die in unkontrollierbarer Willkür gesetzt werden müssen, und eine Frage der Kompliziertheit der Gedankenkonstruktionen, die man zuzulassen bereit ist. Das Denken ist ein Apparat, der nach Einstellung zu Willen ist. Aber alle Konstruktionen verblassen vor der Gewalt des Lebens – und jedem Menschen ist das elementare Erlebnis der Freiheit gegenwärtig.

Wenn der Mensch frei ist, kann er durch sein freies Handeln das Geschehen bestimmen und Geschichte machen. Wie kann also eine wirkliche Prophetie möglich sein, welche künftige Tatbestände feststellt, obgleich wir doch frei sind, diese noch nach Belieben zu gestalten? Solche Problematik ergibt sich aber nicht nur im Zusammenhang mit der Willensfreiheit, sondern schon mit der Frage der Kausalität überhaupt: Schon in der Quantenphysik erweist sich eine Aufhebung der strengen Kausalität innerhalb eines Spielraumes des sehr kleinen Wirkungsquantums.

Eine wirkliche Prophetie muß also auch alle solche auf objektive Akausalität zurückführende Vorgänge insofern mit einbeziehen, als sie die daraus sich ergebenden Tatbestände feststellt. Eine wirkliche Prophetie besteht somit darin, daß in einem späteren Moment die dann bereits geschehenen, schon feststehenden Tatsachen wahrgenommen werden und diese Wahrnehmung in einem – für uns – derzeitigen oder früheren Moment bekanntgegeben werden; ungeachtet der Art, wie diese Tatbestände geschaffen werden. Wirkliche Prophetie ist gleichsam das zeitliche Zurücklaufen einer wahrnehmenden Macht, die die noch vor uns liegenden Zeitspannen bereits in irgendeiner Form durchlebt hat.

Nach der von der Invariantenphysik (Relativitätstheorie) festgestellten Raum-Zeit-Struktur des Weltalls wäre eine echte Prophetie möglich für Wesen, die Ereignisse derart zur Kenntnis nehmen könnten, daß dies einer Informationsgeschwindigkeit über 300 000 km/sec entspräche. Auf physikalischer Ebene ist dies zwar unmöglich. Aber die Physik zeigt doch, daß wirkliche Prophetie im Bereiche überphysikalischer Seinsmächtigkeit denkbar ist. Vor allem Gott, der Raum und Zeit geschaffen hat, ist an keine derartige physikalische Grenze gebunden; Gott ist der überräumliche und überzeitliche Herr, allgegenwärtig und ewig. In Gott ist alles Vergangene, Gegenwärtige und Zukünftige – auch das mit freiem Willen verwirklichte – immerwährendes Bewußtsein. Wenn Gott die Ihm bewußte Zukunft nicht offenbart, ergibt sich keine prädestinierende Einschränkung unserer Freiheit – und Gott kann die Zukunft offenbaren wem Er will und wie Er will.

Normale Geschichtsbeschreibung ist die spätere Bekanntgabe früherer Wahrnehmungen geschichtlicher Tatsachen und Ereignisse, wie immer diese herbeigeführt und ausgelöst sein mochten. Wirkliche Prophezeiung ist die frühere Bekanntgabe späterer Wahrnehmungen geschichtlicher Tatsachen und Ereignisse; ganz gleich ob diese frei gewollt oder ungewollt herbeigeführt oder ausgelöst sein mögen. Wie die normale Geschichtsschreibung ist eine wirkliche Prophezeiung als solche eine rein passive Information ohne innere Abhängigkeit vom Bestehen menschlicher Willensfreiheit oder quantenphysikalischer Unbestimmtheit.

Dennoch können Prophezeiungen die Geschehnisse aktiv beeinflussen, wenn die Menschen davon hören, daran glauben, sich darauf einstellen, danach handeln — und schließlich Tatsachen herbeiführen, die sonst nicht geschehen wären. Trotz der für sich passiven prophetischen Information ergibt sich über das menschliche Handeln im Geschehen eine Art aktiver Rückkopplungsschleife. Diese ist es, die der Prophetie eine so eigenartige, den Menschen individuell-einbeziehende Macht verleiht und in geheimnisschwangerer Weise das Geschehen dirigiert.

Sicherlich sind die allermeisten »Prophezeiungen« keine vorweg bekanntgemachten Wahrnehmungen von in späteren Momenten geschehenen Tatsachen, sondern sind Berufungen. Erst die Menschen machen diese wahr, indem sie sich ihnen unterwerfen und — wie hypnotisiert — vor ihnen ihre Freiheit preisgeben. Erst die Menschen bringen künftige Fakten — ohne Notwendigkeit — in Übereinstimmung mit Berufungen und lassen solche Berufungen — später nicht mehr unterscheidbar — wie wirkliche Prophezeiungen in Erscheinung treten. Die Sehnsucht nach einer guten Zukunft macht die Menschen ebenso anfällig, ihre Entscheidungsfreiheit abzutreten, wie die Angst vor einem schlimmen Schicksal. Manche Eltern haben — aus törichten Erziehungsauffassungen — ihre Kinder mit mißtrauischen Berufungen zu Untaten und ins Unglück getrieben, wo vertrauensvolle Erwartung ebenso gute Früchte gezeitigt hätte. Eltern mit ihren Kindern, Lehrer mit ihren Schülern, Staatsmänner mit ihren Völkern haben durch ihre Autorität Macht, die Zukunft zu berufen. Manche schlimmen Voraussagen mögen sich so freilich als wahr ergeben; aber nicht auf Grund einer weisen Voraussicht solcher »Propheten«, sondern weil diese die ihnen zugefallene Autorität und das in sie gesetzte Vertrauen mißbrauchen.

Vor unheiligen Prophezeiungen muß man sich hüten wie vor der Pest. Den »falschen Propheten« und denen, die sich verführen lassen, ist ewiges Unheil angedroht. Gott verabscheut alle Zukunftsdeuterei, da sie einschmeichelnd und beschwörend die Menschen vom einfachen Weg der Rechtschaffenheit ableitet. Nur die Prophetie der göttlichen Offenbarung des Neuen Bundes bringt Heil; heute nach dem Wirken Christi und in der Erschöpfung des Alten Bundes.

Christus selbst lehrt eindringlich, daß vor dem Ende viel prophezeit werden wird. Aber alle diese Prophezeiungen — was immer sie sagen und von wem immer sie stammen — dürfe man nicht glauben. Es würden sogar Verführer auftreten, die sich als Christus selbst ausgeben: »Seht zu, daß euch niemand irreführt. Denn viele werden unter meinem Namen auftreten und sagen: ›Ich bin der Messias.‹ Und sie werden viele irreführen« (Mt 24, 4–6). »Falsche Propheten werden in großer Zahl auftreten und viele irreführen« (Mt 24, 11). »Viele werden auftreten und sagen: ›Die Zeit ist nahe‹, lauft ihnen nicht nach« (Lk 21, 8).

Allein die Ankündigungen Christi zu seinen Lebzeiten und die Apokalypse sind wirkliche Prophetie. Allein diese christliche Prophetie zeigt die Wahrheit. Erschien diese vorzeitig — noch bis vor kurzem — als phantastische Symbolik, die aller Deutung widerstand, ist sie heute ein Sachbericht aus einer sich überstürzenden technischen Welt, der jedem nüchternen Vergleich standhält. Die Zeichen der Zeit werden offenbar und allen wird kund, was geheim war.

Die Apokalypse

Wie die lebzeitlichen Prophezeiungen von Christus, so sind auch die Prophezeiungen der Apokalypse des Neuen Testaments wirkliche Prophetie. Es ist dies die Bekanntgabe von Wahrnehmungen geschichtlicher Ereignisse. Nur ist hierbei die Bekanntgabe in früherer Zeit erfolgt als die Wahrnehmung und die wahrgenommenen Ereignisse. Als wirkliche Prophetie ist sie eine passive, zeitverkehrte Geschehensinformation. In der konkreten Gesamtsituation wie in speziellsten Einzelheiten kommt diese Wirklichkeit überzeugend zum Ausdruck. Die Überzeugungskraft erwächst dabei jedoch nicht auf dem Boden christlich-dogmatischer Glaubensinhalte, sondern auf dem nüchternen Boden der jüngsten Nuklear- und Kriegstechnologie.

Eine Beurteilung der diesseitsbezüglichen Offenbarungsinhalte wird heute mehr durch physikalisch-technische Fachkenntnisse als durch mystische Spekulationen bestimmt. Dies gibt den Hinweis, daß auch die anderen, jenseitsbezüglichen Offenbarungsinhalte mit tiefem Ernst aufzunehmen sind.

Schon im Charakter unterscheidet sich die Apokalypse grundlegend von den Scheinprophezeiungen:

Alle psychologischen Kniffe, deren sich Scheinprophezeiungen zu bedienen pflegen, fehlen vollständig. Nicht der geringste Versuch ist festzustellen, um die Glaubwürdigkeit des Dargestellten zu unterstreichen. In keiner Weise wirbt sie um natürliches Verständnis bei den Menschen. Dies ist um so erstaunlicher, als hierin Dinge dargestellt sind, die in früheren Zeit geradezu spukhaft-phantastisch erscheinen mußten. Noch in den neuesten Bibelübersetzungen und Bibelausgaben der vierziger und fünfziger Jahre unseres Jahrhunderts glauben die Kommentatoren als Erscheinen von bösen Geistern und Dämonen erklären zu müssen, was ab etwa 1960 als eine präzise Beschreibung modernster Kampfmittel erscheint. Dinge sind dargestellt, die mit Fortschreiten der Naturwissenschaft schließlich ihre ganze Glaubwürdigkeit eingebüßt hatten (»die Sterne werden vom Himmel fallen«), aber geradezu schlagartig-unerwartet in den jüngsten Jahren und Monaten (künstliche Satelliten!) die Weltöffentlichkeit technisch berauscht haben.

Sehr aufschlußreich ist die Ratlosigkeit gegenüber der Apokalypse, die in der vielfältigen Verschiedenheit ihrer Deutung in Erscheinung tritt. Es scheint kaum eine Zeit gegeben zu haben, in der nicht verschiedene Gruppen das Zutreffen der Apokalypse auf die jeweilige Gegenwart erkennen zu können glaubten: Ein Mystizismus und Symbolismus, der einer ungezügelten Phantasie freien Lauf läßt, lockt unwiderstehlich die unkritischen Geister. Aber auch die ernste Theologie aller Konfessionen bemühte sich seit allen Zeiten auf hohem Niveau um Deutungen, die sich vor allem auf frühchristliche Ereignisse beziehen: Es mag ja sein, daß gewisse geschichtliche Parallelen nicht zu leugnen sind– die Heilsgeschichte liebt das Vorläufertum. Aber aus der Sicht des Nichttheologen und Nichthistorikers erscheinen diese Deutungen durchweg als krampfhafte Versuche, einem Stein des Anstoßes aus der Bibel dadurch zu begegnen, daß man darin Symbole über Symbole zu erkennen vermeint und diese auf Biegen und Brechen ausdeutet.

Die Überbewertung einer zusammenhanglosen Deutung etwa der Offenbarungsstelle von der tausendjährigen Herrschaft (Apk 20) zeigt besonders, zu welch abwegigen Vorstellungen sich die Menschen früher durch die Darstellungen der Apokalypse genötigt sahen. »Apokalyptisches Durcheinander« hat sich geradezu als stehende Redewendung eingebürgert. Die Apokalypse nimmt eben keinerlei Rücksicht auf die Unvorstellbarkeit und die Unverstehbarkeit ihrer Berichte unter den früheren Verhältnissen. In der heutigen Sicht erhöht das den Wert ihrer Berichte außerordentlich.

Die Apokalypse ist in wesentlichen Teilen eine erklärungslose Beschreibung des Einsatzes modernster Kampfmittel. Sie gibt in konsequenter Nacheinanderfolge die Vorgänge und Folgen einer Nuklearkriegsführung in charakteristischen physikalischen Besonderheiten wieder. Diese Einzelheiten sollen im Anschluß an die Betrachtungen der Probleme der Nuklearenergie und der Nuklearkriegsführung behandelt werden.

Der konkrete Inhalt der Apokalypse macht eine hohe Präzision der Beschreibung notwendig. Unspezifische Bilder und Symbole würden diesen Zweck nicht erfüllen. Vergleiche der Apokalypse etwa mit den Wundern Moses oder den Gesichten der alttestamentlichen Propheten – wie Isaias, Daniel, Joel, Amos, Zacharias – werden deshalb rasch unfruchtbar. Die Heilsgeschichte liebt es, immer wieder mit symbolischem Vorläufertum auf die großen Ereignisse vorzubereiten: Der Alte Bund bereitet das Erscheinen Christi vor – und erschöpft sich in dessen Erscheinen und in dessen Offenbarungen. Als Vorbereitung des messianischen Reiches und seiner Geschichte kommt vielleicht auch den alttestamentarischen Hinweisen auf die Endzeit tiefere Bedeutung zu; jedoch keine Bedeutung, die über die Apokalypse hinausreichen würde. Für sich allein sagt es nicht viel, wenn aus diesen langen alttestamentarischen Texten ausgelesene Stellen auf einzelne Gegebenheiten passen; zumal wenn solche Stellen noch bereitwillig als dehnbare Symbole interpretiert werden. Erst die Apokalypse setzt diese symbolhaften Bilder lückenlos in die reale Beziehung zu den endzeitlichen Gegebenheiten, indem sie sich streng nur auf die notwendigen Bilder beschränkt und mit anderen Bildern ergänzt, die eben die derzeitige Technik genau bezeichnen.

Die Apokalypse hat die Christenheit seit deren Bestehen immer außerordentlich beeindruckt und das praktische Handeln sehr beeinflußt. Dennoch ist die konkrete Situation so, daß bis heute keine aktive Rückwirkung auf diejenige Entwicklung besteht, die die potentielle Realität der apokalyptischen Ereignisse herbeigeführt hat.

Die Naturwissenschaft und die nukleare und militärische Technologie haben eine völlig eigenständige Entwicklung genommen. Die diese Entwicklung tragenden Naturwissenschaftler und Techniker kannten die Apokalypse praktisch gar nicht. Soweit sie diese kannten, konnten sie sogar bisher nur scharfe Gegensätze mit den naturwissenschaftlich-technischen Erkenntnissen empfinden. Ganz unvermittelt – ohne frühere Parallele und sogar für den Fachmann erschreckend – brach die Nuklear- und Kriegstechnik in unsere Zeit ein. Völlig unmöglich kann daher die derzeitige Situation von den Menschen dadurch herbeigeführt sein, daß sie sich auf die Verkündigungen der Apokalypse eingestellt haben. Es sind die die derzeitige Technologie betreffenden Prophezeiungen der Apokalypse von den Menschen ebenso verwirklicht worden, wie sie auch ohne das Bestehen dieser Prophezeiungen verwirklicht worden wären. Es gibt kaum mit anderen Prophezeiungen zusammenhängende Umstände in der Geschichte, die diese Möglichkeit von Scheinprophetie so vollständig ausschließen wie bei der Apokalypse.

Wenn auch bis jetzt die Apokalypse keine aktive Rückwirkung auf die tatsächliche Bereitstellung und die Geschehensentwicklung genommen hat, kann eine solche aktive Rückwirkung heute sehr wohl eintreten. Wenn den maßgeblichen Männern der Wissenschaft und der Technik, aber auch des Militärs und der Politik einmal bewußt werden sollte, daß der Apokalypse eine besondere Realbedeutung mit den speziellen derzeitigen Mitteln zukommt, wird das Verhalten hierdurch beeinflußt und das Geschehen aktiv modifiziert. Dieser Umstand ist von großer Wichtigkeit und erschließt viele Möglichkeiten: Viele werden sich mit fatalistischer Ergebenheit in das »Unvermeidliche« fügen; die Tagespflichten vernachlässigen; für die Zukunft nicht mehr vorsorgen; dem Geschehen freien Lauf lassen. Diese sind mitschuldig, wenn die Katastrophe schon in ihren Zeiten hereinbricht. Andere werden sich vor Augen halten, daß das Eintreten dieser Ereignisse für keine Generation unbedingte Notwendigkeit darstellt – und »niemand den Tag und die Stunde kennt«. Solche werden sich vor Augen halten, daß dem Menschen das Geschehen in die Hand gegeben ist – und werden gerade in Hinsicht auf die Apokalypse alle Anstrengungen unternehmen, den Frieden zu retten und für eine friedliche Zukunft zu leben. Solchen ist es zu verdanken, wenn die apokalyptischen Drangsale diese Generation noch nicht heimsuchen.

Die biblischen Prophezeiungen verfolgen jedoch keineswegs nur den rein diesseitigen Zweck, die Menschen zur Vernunft aufzurufen, um sich die Welt zu erhalten. Vielmehr sollen sie den Sinn der Menschen auf das Jenseitige hinrichten; wenigstens dann, wenn das Ende naht. Christus sagt selbst: »Seht, ich sage euch alles voraus ... Betrachtet den Feigenbaum und alle anderen Bäume. Wenn ihr seht, daß sie ausschlagen, so wisset, daß der Sommer nahe ist. So sollt auch ihr wissen, wenn ihr dies alles geschehen seht, daß das Reich Gottes nahe ist« (Mt 24, 32; Mk 13, 28; Lk 21, 29). Die Apokalypse verkündet: »Selig wer die prophetischen Worte dieses Buches liest, hört und beachtet« (Apk 1, 3 und Apk 22, 7).

Erst jetzt, da »die Zeichen der Zeit« kommen, wird die Apokalypse als wirkliche Offenbarung bekannt. Erst jetzt laufen die Realbedingungen parallel dieser Offenbarung, deren wahrer Inhalt bis jetzt – über die gesamte Geschichte des Christentums – verborgen war.

Zweitausend Jahre unseliger Geschichte mit Unterdrückung, Mord, Elend, Tod sind wahrhaftig eine Zeit, in der auch heilige Märtyrer ungeduldig werden können. Christus selbst bezeichnet ihre standhafte Ertragung als heilwürdiges Verdienst: »Wer aber ausharrt bis ans Ende, wird gerettet werden« (Mt 24, 13). Trotzdem heißt es, daß die Apokalypse anzeige, was »bald geschehen soll« (Apk 1, 1 und Apk 22, 6) und: »Die Zeit ist nahe« (Apk 1, 3 und Apk 22, 7).

Alle Menschen – auch die Christen – messen nach ihren Maßstäben. »Kurz« ist innerhalb eines Menschenlebens; »lang« ist über ein solches hinaus. Aber die Reden Christi und die Apokalypse sind Mitteilungen aus der Nähe Gottes, von dem es in der Apokalypse heißt (Apk 4, 10–11): ». . . sie beteten den an, der lebt von Ewigkeit zu Ewigkeit und sprachen: ›Würdig bist Du, unser Herr und Gott, Preis, Ehre und Macht zu empfangen. Du hast das All erschaffen. Durch Deinen Willen ist es entstanden und geschaffen!‹« Christus selbst setzt das Geschehen der Endzeiten in Beziehung zum Weltalter: »Alsdann wird eine Drangsal eintreten, wie es von Anbeginn der Welt keine gegeben hat noch je geben wird« (Mt 24, 21). Die Geschichte der christlichen Offenbarung, als wesentlicher Teil des Schöpfungsgeschehens, gründet ihre Ordnung in den kosmischen Zeiträumen und ist somit an diesen zu messen. Was sind einige tausend Jahre vor mehreren Milliarden Jahren des Bestandes unseres Weltalls? Es ist trostreich, wie kurz die Existenz des Menschengeschlechts im Rahmen der Schöpfung ist und wie bald Prüfung und Leid der Menschen sich erschöpfen, verglichen mit der Zeit Gottes und der Ewigkeit des Reiches Gottes.

Die Apokalypse ist die vorweggegebene Aufzeichnung der Geschichte der Christenheit und der Kirche von Anfang bis zum Ende. Die endzeitlichen Ereignisse sind jedoch von so entscheidender Bedeutung und von solcher Ungeheuerlichkeit, daß sie fast den gesamten Raum ausfüllen.

Die Apokalypse beginnt mit den sieben Sendschreiben an die sieben christlichen Urgemeinden, von welchen die Kirche ausgeht. Es fällt der außerordentlich konkrete Inhalt auf; warum sollte dies in den anderen Teilen der Apokalypse anders sein?

Dann folgt die Geschichte des Weltchristentums, über dem der Ratschluß Gottes waltet in einem »Buch mit sieben Siegeln« (wie man auch sprichwörtlich zu sagen pflegt). Innen und außen ist dieses Buch beschrieben, denn vieles ist für den natürlichen Sinn des Menschen aus sich selbst erkennbar, aber vieles bedarf erst der Offenbarung. Niemand im Himmel, auf Erden und unter der Erde kann die Siegel lösen und die Zukunft schauen; auch nicht die »Ältesten«, die Propheten des Alten Bundes und die Apostel. Mögen auch die Ankündigungen der alten Propheten in Sprache und Bild gleichnishaft vorangehen und dunkel das Ende erahnen lassen, so zeigen sie doch nichts konkret Passendes und Greifbares. Sie erschöpfen sich in der ersten Ankunft von Christus als Erlöser. Nur Christus allein kann die Siegel des Ratschlusses Gottes lösen und die Zukunft mit den ganz konkreten Endzeitverhältnissen kristallklar offenbaren (Apk 5).

Die fünf ersten Siegel künden (Apk 6) – für alle Zeiten gleichwohl zutreffend – in dem weißen, roten, schwarzen, fahlen Roß der apokalyptischen Reiter Unterwerfung, Krieg, Hunger, Tod; ferner in einem Anruf Gottes die Ungeduld der Heiligen über die lange, lange Zeit dieser allgemeinen Geschichte. Schon fast zwei Jahrtausende währt diese Geschichte bis heute. Die Nuklearenergie dürfte diese Geschichte höchstens noch wenige Jahrhunderte, vielleicht noch einige Jahrzehnte, vermutlich noch einige Jahre, möglicherweise noch einige Monate dauern lassen.

Bereits mit dem sechsten Siegel erscheinen die im siebten Siegel geschehenen Ereignisse – kurz zusammengefaßt – vor unseren Augen (Apk 6, 12–17). Dies hat eine erstaunliche Realbedeutung: Schon jetzt, da wir noch in der Zeit des sechsten Siegels stehen, sind diese Ereignisse des siebten Siegels durch den gegebenen technischen Stand genau vorgezeichnet und als Drohung – potentiell – gegenwärtig. Auch schon das sechste Siegel steht im Schatten dieser kommenden Ereignisse, indem diese schon jetzt unsere Einstellung, unser Leben und unsere Entscheidungen bestimmen.

Das sechste Siegel kündet unter dieser Vor-Gegenwart des endzeitlichen Geschehens (Apk 6, 12—17) eine Scheidung und Besiegelung der Geister (Apk 7). Dies ist die Ankündigung, daß man sich schon vor dem Eintreten dieser Ereignisse entschieden haben müsse; es ist verfehlt, die Ereignisse abzuwarten, die das siebte Siegel bringt. Niemand weiß, ob ihm während des Abrollens der Katastrophe, »in der Nacht, in der niemand mehr wirken kann«, noch eine Umkehr ermöglicht wird. Das Entsetzen und die Verblendung treiben die Menschen, sich vor Gott verbergen zu wollen, statt Ihn als Herrn und Vater anzurufen. Das angekündigte »Verbergen in Höhlen und Klüften der Gebirge« und der Drang, sich völlig von der Außenwelt abzuschließen (Apk 6, 15), ist bezeichnend für das Schutzsuchen vor nuklearen Auswirkungen.

Vor der Katastrophe muß sich der einzelne schon entschieden haben. Gott, in Seiner Güte, hält jedoch die Katastrophe noch zurück, obgleich sie schon potentiell gegenwärtig ist und ohne besonderen Anlaß jeden Moment hereinbrechen könnte: »Er (ein Engel mit Siegel) rief den vier Engeln, denen die Macht verliehen war, das Land und das Meer zu schädigen, mit lauter Stimme zu: »Schädigt nicht das Land und das Meer und die Bäume, bis wir die Knechte unseres Gottes mit einem Siegel auf ihrer Stirn bezeichnet haben« (Apk 7, 3). Der Ausbruch der Katastrophe bringt bereits die Besiegelung mit sich; als Beginn des Gerichts. Furchtbare Ereignisse bringen in der Regel nur eine Festigung der Wahl: »Der Frevler mag noch mehr Frevel tun und der Unreine noch mehr Unreines. Der Gerechte aber handle noch gerechter und der Heilige heilige sich noch mehr« (Apk 22, 11).

Das siebte Siegel (Apk 8 bis Ende) kündigt ein gewaltiges Endzeitgeschehen. Ein zusammenhängendes Geschehen mit mannigfaltigen, äußerst verwickelten und sehr speziellen inneren Beziehungen ist in den wesentlichen Aspekten nacheinander exakt und klar dargestellt. Ein Geschehen ist dargestellt, das von Ereignissen eingeleitet wird, wie sie aus der derzeitigen Situation in jedem Augenblick möglich sind.

Die gesamte Offenbarung sagt, daß das endzeitliche Geschehen durch Kriegsereignisse bestimmt ist – und mit Posaunenstößen beginnen die Ereignisse, denn mit Posaunenstößen wurden bei den alten Juden die Krieger für den Kampf zusammengerufen. Durch die Menschen selbst sind die endzeitlichen Ereignisse herbeigeführt; (besser:) durch Mächte, die von den Menschen geschaffen wurden; (vielleicht noch besser:) durch Mächte, die sich der Menschen und ihrer Verkommenheit bedienen.

Christus selbst sagt, daß zwar Kriege und Katastrophen immer sein werden, daß aber Krieg und Unglück auch die Wehen des Endes einleiten. Erst muß jedoch das Evangelium der ganzen Welt verkündet sein: »Wenn ihr von Kriegen und Aufständen hört, so laßt euch dadurch nicht schrecken. Das muß so kommen, aber das Ende ist damit noch nicht sofort da« (Lk 21, 9). »... Denn Volk wird sich gegen Volk, Reich gegen Reich erheben. Hungersnot, Pest und Erdbeben wird es allenthalben geben. Aber dies alles ist nur der Anfang der Wehen« (Mt 24, 6–8). »Dieses Evangelium vom Reich wird in der ganzen Welt verkündet werden zum Zeugnis der Völker. Dann erst kommt das Ende« (Mt 24, 6–8. 14; Mk 13, 7–10).

Die Endzeit

Die Endzeit des Menschengeschlechts oder gar der »Weltuntergang« wurde schon öfters als nahe bevorstehend betrachtet. Es gibt Sekten, die immer wieder ein genaues Datum dafür angeben und meinen, solches etwa aus biblischen Textstellen ablesen oder berechnen zu können. Sind dann diese Termine verstrichen, so werden immer Gründe dafür gefunden und ein neuer Termin wird für später festgesetzt.

Vielfach haben früher Kometen Anlaß zu Weltuntergangspsychosen gegeben. Die Klarheit der exakten Naturwissenschaft hat der Mystifizierung solcher astronomischer und meteorologischer

Phänomene ein Ende gesetzt. Die Großartigkeit der Schöpfung dient nicht den Phantomen billigen Aberglaubens.

Weltuntergangsbetrachtungen bieten vielen Menschen einen besonderen Reiz, und zwar entsprechend ihrem verschiedenen Charakter aus verschiedenen Motiven:

Der Weltuntergang tröstet die Gescheiterten mit dem Ende der Hoffnung aller und die Lüstlinge mit dem allgemeinen Katzenjammer. Im Weltuntergang finden die Lebensmüden einen Abschluß, ohne etwas zu versäumen, und die Jammerlappen ein achtbares Motiv des Wehklagens. Der Weltuntergang verspricht den Langweiligsten noch ein Strohfeuer und den Sensationslustigen noch ergierte Aufpeitschung. Der Weltuntergang reizt die Gewalttätigen zum Austoben ihrer Affekte und die Zerstörungswütigen zur vollendeten Befriedigung ihrer Neigung. Der Weltuntergang läßt die Ängstlichen vom Kanapee dem Schicksal mutig in den Rachen schauen und die Vorsichtigsten die Zukunft stark ertragen. Und vor allem und für alle: Solange der Weltuntergang noch nicht da ist, ist er auch nicht lästig; ist er aber da, so geht doch alles Lästige mit unter. Was eignet sich sonst so angenehm für die gesellschaftliche Unterhaltung?

Solchem stehen sehr ernste und klare Motive einer Betrachtung der Endzeiten oder des Weltendes gegenüber:

Der ernste Ungläubige wird bei einem wirklich in Aussicht stehenden Weltende bemüht sein, sich nochmals Gedanken über den Sinn und Zweck dieser Welt zu machen und sich über seinen Lebenswandel und seine Weltanschauung Rechenschaft abzulegen. Überzeugt er sich ehrlich davon, daß tatsächlich die biblische Prophetie die neuzeitlichsten Ereignisse vorangekündigt hat, so wird er kaum umhinkönnen, wenigstens eine Sonderstellung der christlichen Offenbarung festzustellen. Mancher Wahrheitsuchende mag so den Weg finden, der ihm durch unreligiöse Veranlagung, durch unchristliche Erziehung, durch überzogenen Theologismus oder durch eine diesseitsorientierte Umwelt verschlossen geblieben war.

Der religiöse Jude, der immer noch das Erscheinen des Erlösers erwartet, glaubt an ein Weltende, wie es ihm seine Propheten des Alten Bundes angekündigt haben. Das Bevorstehen des endzeitlichen Gerichts wird ihm zu erkennen geben, daß Gott als Erlöser bereits erschienen ist und erst als Richter wiederkommen wird. Die Tragik, daß diesem Volk bisher die Erlösung verschlossen geblieben ist, obgleich es selbst der Welt das Heil gebracht hat, mag sich in die Freude der Erkenntnis des Herrn wandeln.

Für den Christen ist das Weltende das Ende seines Wirkens und des Wirkens der gesamten Christenheit, der er sich verbunden fühlt. Sie ist zugleich der Beginn eines anderen Lebens im unmittelbaren Gegenüber zu Gott. Das Weltende ist ihm die Frist, die dem Menschen zur Erfüllung seiner Aufgabe in der Welt gesetzt ist; die Welt selbst ist ihm nichts anderes als ein vorübergehender Ort der Bewährung in einer dem Menschen gegebenen Freiheit und Verantwortlichkeit. Die Betrachtung eines Weltendes ist dem Christen keine Flucht aus dem Diesseitigen, sondern gerade eine Besinnung auf die Erfüllung seiner diesseitigen Aufgaben, denn »die Zeit ist nahe« (Apk 1, 3 oder Apk 22, 7).

Schon der Mönchsorden der Essener in Khirbet Qumran am Toten Meer erwartete vor Christi Geburt ein kurz bevorstehendes Weltende in Verbindung mit der Ankunft des Herrn. Dieser Orden hatte schon die Zeremonie des Untertauchens im Wasser und des Segnens von Brot und Wein, und seine Enderwartungen stützten sich auf die Propheten des Alten Bundes. Aber das waren erst leere Formen ohne den Geist des Sakraments und verschlossene Bilder. Die Essener, die Johannes den Täufer hervorgebracht haben, und die Propheten des Alten Bundes sind nur »Wegbereiter des Herrn« (Jo 1, 23). Erst Christus erfüllt die Form mit dem göttlichen Geist und erst Christus öffnet die sieben Siegel über diesen Bildern.

Die ersten Christengemeinden erwarteten noch zu Lebzeiten der Apostel eine endzeitliche Wiederkunft Christi mit apokalyptischen Begleiterscheinungen. Aber sie werden von den Aposteln Paulus und Petrus eindringlich belehrt (2 Thess 2, 1–4; 2 Petr 3, 8–10): Sie sollten sich nicht aus der Fassung bringen lassen. Weder durch eine Offenbarung noch durch Ausspruch oder Brief sei das kurz bevorstehende Ende angekündigt. Zuerst müsse der wirkliche Antichrist auftreten, der mit satanischer Macht gewaltige Krafttaten, Zeichen und Wunder tue. Bei Gott sei ein Tag wie tausend Jahre und tausend Jahre seien wie ein Tag. Gott wolle in seiner Langmut die Bekehrung aller Völker zu seinem Reich.

Vor allem um das Jahr 1000 n. Chr. wurde von einem größeren Teil der Christen das Weltende erwartet; auf Grund einer unrichtigen Deutung der Apokalypse. Es wird hier (Apk 20) von einer tausendjährigen Herrschaft von Christus zusammen mit den Heiligen berichtet. Dabei ist diese tausendjährige Herrschaft (Apk 20) und die weiterhin angekündigte Herrschaft Gottes nach dem Weltgericht (Apk 21 und Apk 22) ebenso ein Teil des siebten Siegels (Apk 8 bis Ende) wie die hier zu erwartenden Ereignisse (Apk 8 bis Apk 19), so daß damit ein gewisser Zusammenhang erkenntlich wird. Dennoch entzieht sich dieser zweite Teil des siebten Siegels einer Betrachtung, die von den rein diesseitigen Gegebenheiten ausgeht und sich dabei im wesentlichen auf kriegstechnologische und politische Tatbestände stützt.

Überhaupt ergeben die Stellen der Ankündigung einer tausendjährigen Herrschaft der Heiligen (Apk 20) keine Notwendigkeit für konkrete Deutungen und lassen verschiedene Möglichkeiten offen: Eine additive Steigerung der Strahleneinwirkung läßt eine exponentielle Senkung der ungeschädigt Überlebenden erwarten. Wenn etwa nach einem Nuklearkrieg das lang nachhaltende Absterben der somatisch und genetisch Strahlengeschädigten abgeklungen sein wird, könnten möglicherweise von wenigen doch Überlebenden neue Generationen ausgehen. Durch eine der seltenen positiven Mutationen könnten diese sogar eine sprunghafte Fortentwicklung des derzeitigen Menschen darstellen. Eine Wiederkunft der jetzigen Heiligen in diesen künftigen Geschlechtern könnte eben diese tausendjährige Herrschaft über die Erde ergeben; nach einem Nuklearkrieg, der für die derzeitige Menschheit das Endzeitgeschehen bedeutet.

Es wären aber auch ganz andere Möglichkeiten denkbar; etwa im Sinne einer Zeitverwerfung: Für die Menschheit als Ganzes und uneingeschränkt sind die künftigen Ereignisse des ersten

Teils des siebten Siegels das tasächliche Ende vor dem Weltgericht. In der künftigen Endzeit bewährte Heilige kehren in vergangener Zeit als die uns aus der schon vergangenen Geschichte bekannten geistigen Führer als heilige Kirchenfürsten, Patriarchen und Monarchen wieder; in bezug auf diese Führer und die von ihnen geleiteten Menschen ist dem Teufel eine Fessel auferlegt, damit er die Festigung des Glaubens nicht von vornherein gefährden könne. Der Endkampf (Apk 20, 7—10) ist dann wieder identisch dem Kampf, der im ganzen ersten Teil des siebten Siegels (Apk 8 bis Apk 19) ausführlich dargestellt ist. Dies ist gar nicht so absurd, wie man auf den ersten Blick meinen möchte: Was wir nach unserer Kalenderrechnung als »heute« und »früher« bezeichnen, ist eine astronomische Orientierung und Folgenordnung, die nicht notwendig der Folgenordnung des sittlichen Handelns und des menschlichen Lebens konform gehen muß.

Es ist vermessen, genaue Termine für das Eintreffen der endzeitlichen Ereignisse einsehen oder aus irgendwelchen Schriftstellen ablesen zu wollen. Der Geist der Menschen ist nicht fähig, sich selbst über den normalen Zeitablauf derart hinwegzusetzen, um einen Endzeittermin prophetisch erfassen zu können; eine Fähigkeit, die sogar den Engeln verschlossen ist: »Niemand kennt den Tag und die Stunde; auch die Engel im Himmel nicht; nur der Vater allein« (Mt 24, 36; Mk 13, 32).

Zwei Jahrtausende haben die Menschen die Ankunft des Herrn im Anbruch der Endzeit erwartet. Im Dunkel der Gottentfremdung ist diese Erwartung erloschen. Traumwandlerisch folgen die Menschen den Irrlichtern ihrer Götzen, die das Ende in nüchterner Realität selbst verkörpern. Sie gleichen den Jungfrauen ohne Öl: ». . . Da sich die Ankunft des Bräutigams verzögerte, wurden alle schläfrig und schliefen ein. Um Mitternacht erscholl der Ruf: ›Der Bräutigam kommt, geht ihm entgegen!‹ . . . Also seid wachsam . . .« (Mt 25, 5—13).

Während zweier Jahrtausende erwarteten die Menschen die Endzeit; ungeachtet des Fehlens aller diesseitigen Vorbedingungen hierzu. Erst jetzt, innerhalb ganz weniger Jahre, sind die in der Apokalypse dargestellten Ereignisse potentielle technische Realität geworden. Aber heute redet man nicht vom durchaus herbeiführbaren Weltende, sondern verbreitet blechernen Optimismus; das täglich und stündlich Drohende wird betreten verschwiegen; es gilt als unfein und rücksichtslos, davon zu sprechen.

Dieses eigenartige Verhalten der Menschheit als Ganzes gegenüber ihrem Ende erinnert seltsam deutlich an das Verhältnis der einzelnen zum Tode: In gesunden Tagen behandelt man das Sterben mutig als anregenden Unterhaltungsstoff. Man bezahlt sogar Geld für todverachtende Sensationen. Angenehm gruselnd läßt man sich den Schauer ferner Todesdrohung über den Rücken rieseln. Aber im unmittelbaren Gegenüber des Todes, der allbezwingenden Macht, herrscht nur noch trauriges, resignierendes Schweigen; abwehrend und preisgegeben.

Die Anfänge der Technik gehen weit zurück; bis in die Urzeit der Menschheitsgeschichte. Die Menschheitsgeschichte fügt sich an die Erdgeschichte. Die gesamte Entwicklung auf der Erde – von der toten Materie bis zur Nukleartechnik – ist eine durchgehende, extrem beschleunigte Funktion von der Zeit. Das sehr hohe Beschleunigungsmaß wird sichtbar in einer konsequenten Verkürzung der Dauern der aufeinanderfolgenden Entwicklungsepochen:

Vor einigen Milliarden Jahren gab es auf der Erde noch kein organisches Leben. Die Entwicklung der niedersten Organismen geschah in einigen letzten Milliarden Jahren; die der Wirbeltiere in einigen letzten Hundertmillionen Jahren; die der Säugetiere in einigen letzten Zehnmillionen Jahren; die der hochstehenden Affen in einigen letzten Millionen Jahren. Die Entwicklung der Urmenschen mit dem Gebrauch des Feuers geschah in den letzten Hunderttausenden von Jahren; die der Steinzeit mit den einfachsten Werkzeugen in den letzten Zehntausenden von Jahren; die der Metallkunde und der Baukunst in den letzten Jahrtausenden. Die Entwicklung der einfachen Maschinen und Feuerwaffen geschah in den letzten Jahrhunderten; die der Kraftmaschinen, der Elektrotechnik, der Flugtechnik, der militärischen Aktionstechnik in den letzten Jahrzehnten. Die Entwicklung der Nuklear- und

Raketentechnik zusammen mit der Regler- und Steuertechnik, der Sinnestechnik und Kybernetik vollzieht sich nun innerhalb nur weniger Jahre.

Eine Grenze wird sichtbar: Die kosmischen Gewalten der künstlich freisetzbaren Nuklearenergie überschreiten das Fassungsvermögen dieses Lebensraumes. Wir leben nicht mehr in der »Erdneuzeit« und nicht mehr in der »Neuzeit«. Etwas ganz anderes bahnt sich an; gewiß ohne solche Weiterentwicklung. Was steht bevor?

Mit der Nuklearenergie ist etwas ganz Neues eingetreten, das ebenso greifbar-real wie nebelhaft trügerisch vor uns steht. Ein harmonisches Einmünden der sich überstürzenden Entwicklung in eine paradiesische Sättigung aller Bedürfnisse einer zufriedenen Menschheit winkt einladend. Aber zugleich sehen wir uns auch einer Situation gegenüber, die auf eine Praktizierung bisher wohlerprobter Denkmethodiken explosionsartig-katastrophal zu reagieren droht. Unverkennbar haftet an der Entwicklung der Nukleartechnik der metallische Beigeschmack endzeitlichen Geschehens. Die Nuklearenergie treibt uns zwar nicht zwangsläufig dem Ende in die Arme. Aber sie stellt das Ende alarmierend in den unmittelbaren Bereich des Möglichen.

Die Kräfte des Himmels

Die Nuklearenergie ist die Quelle des kosmischen Seins und Werdens.

Die Materie ist Energie; gleichsam kristallisierte Energie. Der Raum und die Zeit gestalten sich in Wechselwirkung mit der Energie; gleichsam als Zuordnung der Energiequanten zueinander. Als Energieverkörperungen treten die Elementarteilchen in Raum und Zeit in Erscheinung – und in ihrem Nebeneinander und Nacheinander üben sie aufeinander Kräfte aus. Diese Kräfte führen die Elementarteilchen zu verschieden schweren Atomkernen zusammen. So ergeben sich die rund hundert Elemente, aus denen sich alles materielle Sein gestaltet. Aus den Elementen formieren sich die Erde und was auf ihr ist, die Weltkörper und der gesamte Kosmos mit all seinen Massen, Feldern und Bewegungen, mit all seinen Ausdehnungen und Geschehnissen.

Die Kräfte zwischen den Elementarteilchen in den Atomkernen sind Kräfte des materiellen kosmischen Seins; die Kräfte des Himmels. Bewegungen längs dieser Kräfte bedeuten Arbeit, Energie, nukleare Energie. Gewaltige nukleare Energien werden freigesetzt, wenn etwa sehr leichte Atomkerne zu schwereren verschweißt werden oder wenn etwa sehr schwere Atomkerne in leichtere zerrissen werden. Solche Vorgänge in der Natur beherrschen fundamental alle Entwicklung:

Mit der Vereinigung der leichtesten Atomkerne des Wasserstoffs überflutet die Sonne seit Jahrmilliarden die Erde lebenspendend mit Licht und Wärme. Aus dem Zerfall der schwersten Atomkerne des Urans und des Thoriums erwachsen im Erdinnern die die Kontinente formenden thermischen Kräfte. Strahlungen von Atomkernprozessen aus dem Firmament und dem Gestein bewirkten im Lauf der Entwicklungsgeschichte Ketten von Gen-Mutationen, aus denen sich in sinnvoll-zielgerichteter Auswahl erstaunlich schöne und mannigfaltige Lebensformen herausgebildet haben.

Die Nuklearenergie ist von Gott geschaffen, um Ihm in wundervoller Ausgewogenheit und Großartigkeit in Seinem weiteren Schöpfungswerk zu dienen. Mit ihrer Hilfe ließ Gott Licht werden, schied das Wasser vom Land, rief Pflanzen und Tiere ins Leben und gab der biologischen und physiologischen Gestalt des Menschen aus dem Staub der Materie das Dasein.

Noch gibt es kein Recht und kein Unrecht in dieser Phase rein natürlicher Entwicklung. Denn noch sind keine Wesen auf der Erde, die in freier Selbständigkeit handeln könnten. Aber dann ereignet sich etwas ganz Neues; die eigentliche Erschaffung des Menschen. Der Gestalt wird ein freier Geist gegeben — und ein zu verantwortlicher Entscheidung ermächtigter Mensch tritt in die Geschichte.

Auftrag und Macht wurden dem Menschen gegeben, sich die Erde zu unterwerfen und alle Kräfte der Schöpfung zu nutzen:

»Macht euch die Erde untertan.« Sogar die Macht, die die Kernstabilität wahrenden nuklearen Kräfte zu erschüttern, wurde ihm überantwortet. In maßvoller Nutzung oder in wilder Entfesselung dieser kosmischen Gewalten ist ihm die Entscheidung über ein paradiesisches Leben oder einen qualvollen Untergang frei überlassen. Christus selbst verkündet für die Endzeit: »Die Kräfte des Himmels werden erschüttert werden« (Mt 24, 29; Mk 13, 25; Lk 21, 26).

Doch über aller Freiheit herrscht eine Gewalt, die das Geschehen ordnet, indem sie allen Werken die Vergeltung erwachsen läßt. In dieser Gewalt vereinigt sich die Freiheit mit der Ordnung – und ohne diese Gewalt gäbe es neben einer Freiheit nur Chaos und neben einer Ordnung nur Zwang. Sie ist das Fundament des Lebens und der Gemeinschaft aller Geister. Diese geheimnisvolle Gewalt ist die Gerechtigkeit, die sich in der Person Gottes verkörpert; des Richters über Leben und Tod.

Diese ewige Gerechtigkeit verleiht Bestand und Leben denen, die Gott zum Maß aller Dinge machen, Seinen Namen heiligen und fürchten und ihn anrufen. Sie ist eins mit der Barmherzigkeit, indem sie den Barmherzigen Barmherzigkeit erweist – aber die Hartherzigen durch deren eigene Unmenschlichkeit scheitern läßt. Sie ist eins mit der Liebe, indem sie den in der Liebe Handelnden die Fülle des Lebens spendet – aber die Hassenden in ihrer eigenen Verblendung umkommen läßt. Sie ist langmütig und wartet verzeihend auf die Umkehrenden – aber sie ist unausweichlich. Sie wird zum Heil denen, die selbst die Gerechtigkeit suchen und üben – und wird zum Untergang denen, die sie mißachten.

Als alles richtende Gewalt erträgt sie keine Unterwerfung – und rächt unerbittlich den Mißbrauch des Rechts bei der Verfolgung menschlicher Interessen. Sie beherrscht Sein und Nichtsein – und die Nuklearenergie ist nur Vollzugsorgan ihrer Gewalt.

Unheilschwanger ist die Geschichte der nuklearen Machtentfaltung und der Beziehungen der Staaten zueinander:

Mit der Entdeckung der Uranspaltung durch Hahn und Straßmann (1939) in Berlin wurde eine gewaltige Energiequelle erschlossen, deren wirtschaftliche Nutzung für die künftige Menschheit existenznotwendig sein dürfte. Diesen Zielen diente die Reaktorentwicklung Heisenbergs in Haigerloch in den Kriegsjahren. Die geringen Mittel, die den nichtmilitärischen Projekten zur Verfügung standen, ermöglichten nicht mehr, den kritischen Arbeitspunkt des Reaktors zu erreichen. Die Scheu der deutschen Physiker vor den kosmischen Gewalten und deren Mißbrauch verhinderte die Planung und Entwicklung nuklearer Waffen in Deutschland.

Auch in den USA bestanden bei den Wissenschaftlern große moralische Bedenken und großer Widerstand gegen die Entwicklung nuklearer Waffen. Doch Angst und Mißtrauen erwiesen sich als stärker; die Angst, daß Deutschland in der Entwicklung nuklearer Waffen schon vorangeschritten sei; das Mißtrauen, daß Deutschland – trotz des internationalen Einsatz-Verbots chemischer und bakteriologischer Waffen – die in ihrer Wirkung ähnlichen, aber mächtigeren atomaren Waffen (abc-Waffen) kriegsentscheidend anwenden könnte.

Es dürfte schwer zu ermitteln sein, inwieweit tragische Irrtümer oder aber lancierte Falschmeldungen und gesteuerte Meinungsbildung den Ausschlag gegeben haben. Jedenfalls gab Einstein – mit innerem Widerstreben und zu seinem späteren großen Kummer – durch ein Schreiben an Roosevelt den Anlaß für die Entwicklung der nuklearen Bombe. Die trügerische Hoffnung, einem Nuklearkrieg zuvorzukommen und durch potentielle Waffen in den Händen einer friedliebenden Macht den Einsatz nuklearer Waffen überhaupt zu verhindern, mag viele Wissenschaftler zu ihrer persönlichen Mitarbeit veranlaßt haben.

Am 16. Juli 1945 wurde die erste nukleare Bombe der Welt (A-Bombe) von den USA in Los Alamos erfolgreich detoniert. Wer sich ein Gefühl für geistige Realitäten bewahrt hat, dem graut bei dem Gedanken, daß dieser Bombe der Name »Trinity« gegeben wurde; der Name des Heiligen Dreieinigen Gottes. Die von der Wärmestrahlung des Explosionsblitzes verglasten Gesteinsmassen bezeichnet man noch heute als »Trinitit«.

Christus selbst hat zu beten gelehrt: »Vater unser, der Du bist im Himmel. Geheiligt werde Dein Name . . .« Und millionenfältig jede Stunde wird Gott mit der Bereitschaft der Heiligung seines Namens gehuldigt; gleichsam als Vorbedingung für die Verwirklichung Seines Reiches bei uns in der Erfüllung Seines Willens: ». . . Zu uns komme Dein Reich. Dein Wille geschehe wie im Himmel also auch auf Erden.« Erst dann dürfen es die Menschen wagen, mit Bitten um den nackten Lebensunterhalt, Gerechtigkeit, Bewahrung und Erlösung an den Gewaltigen heranzutreten. In der Apokalypse heißt es im Endpunkt des Endgeschehens, daß der Zorn Gottes und die Zeit gekommen seien, »zu belohnen, die den Namen Gottes fürchten — groß und klein —, und zu verderben, die die Erde verderben« (Apk 11,18). Die alten Juden scheuten sich, den Namen Gottes überhaupt auszusprechen. Gott selbst kündigt an: »Er kennt Meinen Namen. Er ruft Mich an. Ich will ihn erhören.«

Es gibt keinen Grund, der die Verknüpfung des Namens des Allerhöchsten mit dem Einbruch der nuklearen Waffen in das Gefüge der Welt verständlich machen oder gar rechtfertigen könnte. Glaubte man dadurch Gott zwingen zu können, Partei zu ergreifen für das »christlichste Land der Welt« — wo Gott als ewige Gerechtigkeit die einzige unparteiische Gewalt verkörpert? Glaubte man dieser menschlichen Machtdemonstration den Abglanz der Gottheit verleihen zu dürfen — wo Gott keine Macht neben sich duldet? Glaubte man dadurch die Anhängerschaft derer gewinnen zu können, die Gott anbeten — wo solches nur die Augen für die Ankunft des Gerichtes öffnen kann?

Mag man sich noch so sehr in die Überzeugung vom guten Zweck dieser Waffe zur Bewahrung des »ewigen Friedens« und der Verteidigung der freien Welt gesteigert haben: Es ist eine Verblendung, die von allen guten Geistern verlassen ist. Fratzen grinsen uns aus den Glutwolken der Nuklearexplosionen an, die keinen heiligen Eindruck machen. Sehr wahrscheinlich bezieht sich auf diese Glutwolken und die künstlichen Satelliten, was Christus als Ankündigung der Endzeit voraussagt: »Schreckbilder und gewaltige Zeichen werden am Himmel erscheinen« (Lk 21, 11).

Obgleich bereits schon vor dem 18. Juli 1945 ein Friedensangebot des japanischen Kaisers vorgelegen hatte (Bohlen), erfolgte noch eine Machtdemonstration nie gekannten Ausmaßes, »um Menschen und Material zu sparen«; eine satanische Machtdemonstration erschütterte den Erdkreis in seinen physischen und psychischen Grundfesten:

Am 6. und 9. August 1945 folgten die beiden »Atomic-bomb-experiments« über Japan; der Abwurf einer Uran 235-Bombe auf Hiroshima und einer Plutonium 239-Bombe auf Nagasaki. Wenn die US-Behörden selbst jahrelang diese beiden Abwürfe als Experimente bezeichnet haben, so ist dies glaubwürdig: Man verfügte damals gerade über diese zwei, miteinander Helium-verwandten Nuklearexplosivstoffe U 235 und Pu 239. Es ist nicht ausgeschlossen, aber die völlig verschiedenen Herstellungsverfahren machen es unwahrscheinlich, daß diese beiden Bomben in den gleichen Tagen fertig geworden sein sollten. Grauenvolle Opfer unter einer unvorbereiteten Bevölkerung – durch tagelang vorher untätig einfliegende, einzelne US-Bomber war eine gewisse Unbesorgtheit bei der japanischen Zivilbevölkerung entstanden – ermöglichten Beobachtungen der Wirkung beider Bombentypen unter den verschiedensten Umständen.

Der experimentelle Charakter jener Abwürfe wird grausam unterstrichen durch modernste radiologische Kliniken der US-Atomenergiekommission in der Nähe der Unglücksstädte: Nur die Erstellung von Diagnosen zur Erforschung der Auswirkungen war den Ärzten gestattet. Jede Art von Therapie zur Hilfe für die Unglücklichen war verboten (Jungk). Durch diese Anordnungen sollte jede Spur des Eingeständnisses einer Schuld vermieden werden; gerade als könnte man sich Gerechtigkeit erschleichen, indem man die Barmherzigkeit verweigert.

Was helfen alle formalen Argumente, daß die nuklearen Waffen in den internationalen Verbotsregelungen nicht enthalten gewesen seien, nachdem sie damals noch nicht bestanden hatten? Was hilft solche juristische Sophistik, wenn das Vertrauen in die Bereitschaft zu sinngemäßer, menschlicher Einhaltung internationaler Verpflichtungen erschüttert ist; in einer Zeit, in der der

Fortbestand der Welt vom Zustandekommen internationaler Vereinbarungen abhängig ist?

Diese Anwendung der A-Bomben auf Japan und diese Begleitumstände brachen das Vertrauen in die sittlichen Kräfte der USA; vor allem bei den Wissenschaftlern, die die Entwicklung und den Bau der Bomben ermöglicht hatten. Die anhebende Serienproduktion von A-Bomben in den USA nährte gespenstische Befürchtungen vor der einseitigen Nuklearmacht. Vor diesem Hintergrund geschieht der Verrat der Atomgeheimnisse an die Sowjetunion durch Fuchs; ein Verrat, dessen wahre Motive kaum bekannt sein und nur aus der konkreten Situation verständlich werden dürften. Unerwartet am 29. August 1949 schockierte die erste sowjetische A-Bomben-Detonation die westliche Welt.

Es begann die Jagd nach der nuklearen H-Bombe. Erst nach völliger Umbesetzung der wissenschaftlichen Leitung konnte in den USA die H-Bomben-Entwicklung in Angriff genommen werden. Am 1. November 1952 gelingt den USA die Zündung der ersten Wasserstoffbombe; einer ortsfesten, »nassen« Anlage auf der Basis flüssigen, schweren und doppelt-schweren Wasserstoffs (H 2 + H 3). Infolge der Verzögerung durch die sittlichen Bedenken der Wissenschaftler in den USA kann die Sowjetunion mit der transportablen, trockenen Wasserstoffbombe auf der Basis des festen, inaktiven, natürlich in unbegrenzter Menge greifbaren Lithium-Wasserstoffs (Li 6 — H 2) einen etwa halbjährigen Vorsprung vor den USA erlangen. Am 12. August 1953 zünden die Sowjets die erste solche, strategisch wichtige Wasserstoffbombe.

Es folgt eine Epoche gigantischer Aufrüstung. Die Großmächte überbieten einander in fieberhaft weitergetriebener Entwicklung der nuklearen Waffen; es jagen einander die A- und H-Bomben-Experimente. Von den bis Mitte 1963 erfolgten A- und H-Nukleardetonationen entfallen auf die USA 259, auf die UdSSR 126, auf England 32, auf Frankreich 6; zusammen mit ca. 600 Megatonnen-TNT-Äquivalent (dh eine Energie, wie sie 600 000 000 Tonnen des meistgebrauchten militärischen Sprengstoffs Trinitrotoluol entfalten würden). Nach der bestürzenden Wiederaufnahme der Nukleardetonationen in der Atmosphäre mit Megatonnen-Äquivalenten durch die UdSSR hatte das Schreckgespenst der Radioverseuchung der Erde die Völker erneut ergriffen.

Die verdampfenden Gesteinsmassen und der Staubsog verbreiten die Radioaktivität aus diesen Detonationsexperimenten über die ganze Erde. Die Auswirkungen dieser verteilten Aktivität sind sehr umstritten. Einer Verharmlosung einerseits stehen andererseits furchtbare Prognosen führender Wissenschaftler aller Länder und der UNO gegenüber (Pauling, Muller usw). Die künftigen Generationen werden durch die heutigen nuklearen Experimentaldetonationen erbgeschädigt und mit Verblödung, Verkrüppelung und tödlichem Siechtum geschlagen. Die durchschnittlichen Schätzungen ergeben, daß die bisherigen Nuklearwaffenexperimente Millionen von frühem, furchtbarem Tod Betroffener und lebenslang Schwergeschädigter zur Folge haben. Daneben ergeben sich eine noch unübersehbar viel größere Zahl »leichterer« Schädigungen vor allem psychischer Art, die bei den hochdifferenzierten beruflichen und gesellschaftlichen Anforderungen lebensuntüchtig und absonderlich machen; leichterer Schädigungen, die entsprechend bei Tieren gar nicht festzustellen sind. Schon die bisherigen Experimente lassen ein Elend erwarten, wie es bisher nur Weltkriege zu bringen vermochten; ein Töten und Entstellen von Kindern und Kindeskindern mitten im Frieden.

Künstliche Satelliten umkreisen die Erde; künstliche Planeten die Sonne. Die Raketentechnik hat die kosmischen Räume erobert. Jeder Punkt der Erde ist mit nuklearen Waffen angreifbar; von überall her. Rücksichtslos verfolgen die Nationen ihre Interessen, gestützt auf die kosmischen Gewalten in ihren Händen. Sie fühlen sich als Herren über Sein und Nichtsein.

Herrscht nicht der Mensch in seiner Willkür über das Geschehen und spricht Hohn Gott und Seiner Gerechtigkeit? »Wir bitten, Herr, mit deinen Scharen noch etwas Ruhe zu bewahren«, schreibt die ostzonale Parteipresse anläßlich des ersten künstlichen Planeten.

Überall – in Ost und West – ist das Bewußtsein von der allbeherrschenden Gewalt der göttlichen Gerechtigkeit verlorengegangen. Dieses Bewußtsein ist unbequem in einer Zeit, in der Urteilen und Verurteilen zum probaten Mittel ausgeklügelter Massenbeeinflussung geworden ist. Politische, wirtschaftliche, finanzielle Interessen und das »Ansehen im Ausland« sind zur Leitschnur des Urteilens und Verurteilens geworden. Psychologisch gezielte Anschuldigungen – variierend zwischen primitiver Empfindungslosigkeit, psychologisierender Charakterlosigkeit und diabolischer Meisterhaftigkeit – umgeben sich überall mit dem Schein seelenloser Selbstgerechtigkeit. Regierungen und ganze Völker verurteilen und werden verurteilt; wie es das jeweilige Interesse zweckmäßig erscheinen läßt. Eines wird propagandistisch aufgeblasen und die Wahrheit entstellt, anderes schlau vertuscht und der Erörterung entzogen. Von allen Seiten zugleich gehaßt sind diejenigen, die überall die Wahrheit zu suchen wagen. Nur unbedingte Gefolgschaft durch Recht und Unrecht, nur Billigung jedes Mittels für den Zweck, nur blinder Glaube an Doktrinen ist geduldet. Im Westen wie im Osten wird der Lehre gehuldigt: »Die Linientreue bewährt sich in den Kurven« (Molotow). Wer sieht da noch das Walten göttlicher Gerechtigkeit?

Das Gesetz der Physik beherrscht die nuklearen Energien und die Bahn der Satelliten. In der Gerechtigkeit ist den freien, handelnden Wesen das Gesetz ihrer Macht und ihrer Wohlfahrt mitgegeben; gesetzt von Gott, geoffenbart durch Christus; ein Gesetz des Geistes; eine ebenso ordnende Gewalt wie das Gesetz der Natur. Tödliche Verblendung scheint die Menschen zu umfangen, daß sie die unheimliche Konsequenz nicht sehen, mit der die Früchte ihrer Werke reifen:

Untaten zwingen die Regierenden, durch immer größere Beschuldigung des Gegners sich weiter der Gefolgschaft ihrer Völker und Anhänger zu versichern. Kollektivanschuldigungen verbittern die Völker und hetzen die Völker gegeneinander. Alle Massenverfolgungen von Menschen wegen ihrer Religion, Rasse oder Nationalität wurzeln in solcher Ungerechtigkeit. Sie ist die Mutter des Völkerhasses, der Gewalttat und des Krieges. Die Regierenden selbst erliegen der Massensuggestion dieser »psychologischen Kriegsführung«. Mörderisches Mißtrauen ergreift Besitz von den Seelen, und Beschimpfungen füllen die Protokolle der Konferenzen. Alle Verständigung wird unmöglich. Eine verhängnisvolle Kette von Fehlentscheidungen und Fehlschlägen ist all unser Mühen um den Frieden. Die fortgesetzten gegenseitigen Verurteilungen der Völker und Regierungen machen die Katastrophe unausbleiblich; heute, da die Dämonen der Nuklearenergie gespannt ihres Augenblicks harren.

Sich selbst sprechen die Menschen das Urteil, und sich selbst bereiten die Menschen das Gericht. Dies verheißt Christus: »Richtet nicht! So werdet ihr nicht gerichtet. Denn das Urteil, das ihr fällt, wird über euch gefällt« (Mt 7, 1).

»... Vergib uns unsere Schuld, wie auch wir vergeben unseren Schuldigern. Und führe uns nicht in Versuchung, sondern erlöse uns von dem Übel.« Gott ist der Richter. Nur ständiges Bemühen um Vergebung und Gerechtigkeit und immer neues, gutes Beginnen kann uns retten. Eine teuflische Versuchung liegt in dem Vermeinen, daß mit verstandlicher Planung außerhalb der Gerechtigkeit das Geschehen zu beherrschen und Sicherheit zu finden sei. Dieser Versuchung zu erliegen führt zum sicheren Untergang.

Mit den Kräften des Himmels in der Faust und der Leere des Abgrunds im Herzen erhoffen sich die Menschen den Frieden.

Frieden und Sicherheit

In der gesamten Erd- und Menschheitsgeschichte gab es noch nie eine Zeit, wie sie sich in den letzten Jahren bis 1960 erfüllte. Bewohnern der Erde ist die Macht zugewachsen, ihren gesamten Lebensraum zu verderben. Der Griff nach der Nuklearenergie zusammen mit der Erreichung der kosmischen Geschwindigkeiten hat erstmals Bestand und Ende allen irdischen Lebens dem Tun und Lassen der Menschen überantwortet. Was bedeutet dieser unheimliche, neue Tatbestand?

Die Geschichte zeigt keine Parallele, an der man sich orientieren könnte. Noch nie waren die technischen Machtmöglichkeiten auch nur entfernt den derzeitigen vergleichbar. Noch nie waren die Voraussetzungen gegeben, daß durch Menschenhand herbeigeführte Katastrophen den gesamten Erdkreis einbeziehen und vernichtend treffen konnten.

Immer gab es Katastrophen durch Naturereignisse und Kriege in der Geschichte; in so konsequenter Zeitabfolge, daß man fast an Gesetzmäßigkeiten glauben möchte. Aber nie haben diese Katastrophen den gesamten Erdkreis umfaßt und alles Leben betroffen. Jede Katastrophe war bisher lokal begrenzt – und weiter entfernt kaum mehr feststellbar. Immer und immer wieder konnte deshalb das Leben weitergetragen werden. Nichts bisher war ausreichend, die Kraft des Lebendigen zu brechen, das die Spuren jeder Torheit, jedes Vernichtungswillens, jedes Unglücks immer wieder überwucherte. Vielleicht leben heute nur deshalb noch Völker, und vielleicht ist heute nur deshalb dieser Planet noch bewohnbar, weil den Menschen bisher die Möglichkeit zu völliger Vernichtung fehlte.

Wie ist dies heute? Ein nuklearer Großkrieg würde den Untergang aller bedeuten. Sind wir also unmittelbar, von Moment zu Moment, von endzeitlicher Vernichtung bedroht, oder verheißt uns vielleicht gerade die Furchtbarkeit dieser Gefahr für alle dauernden Frieden und höchste Sicherheit? Noch nie waren der Frieden und die Sicherheit eine so fundamentale Notwendigkeit für die Existenz aller wie heute. Noch nie waren der Frieden und die Sicherheit so problematisch und schattenhaft und von einem so jähen Ende bedroht wie heute. Noch nie dürfte so viel von Frieden und Sicherheit gesprochen worden sein wie heute; auf jeder Konferenz, in jeder Ansprache, in jeder Zeitung, in jeder Sendung. Um so bezeichnender und drohender wirkt das biblische Wort für die Endzeit: »Während die Menschen von Frieden und Sicherheit reden, bricht plötzlich das Verderben über sie herein« (1 Thess 5, 3).

Wir sehen uns einem überaus komplizierten und sich immer weiter verkomplizierenden Geschehen gegenüber. Psychische, intellektuelle und technische Gegebenheiten haben nebeneinander unmittelbaren Einfluß auf das Geschehen – und von jeder dieser Seiten droht die Auslösung der Katastrophe durch irgendein Versagen. Zugleich aber nehmen diese psychischen, intellektuellen und technischen Gegebenheiten auch noch aufeinander vielfältigen und starken Einfluß mit mannigfaltigen Rückwirkungen. Es ergibt sich eine überaus verwickelte und labile Vernetzung. Alles kommt in Fluß. Überall beruft man sich auf Wissen; doch unbemerkt regiert das Wünschen.

Immer und immer wieder wird von den Staatsmännern die Zuversicht genährt, daß der Frieden gesichert sei; immer wieder wird laut – hier wie dort – die Hoffnung verkündet, daß gerade der entsetzenerregende Stand der eigenen Rüstung die Sicherheit einer friedlichen Koexistenz gewährleiste. Man kultiviert geradezu die Ansicht, daß frühere Kriege ausgebrochen seien, weil man sie im Grunde doch gewollt habe – und man beruhigt sich nervenschonend bei dem Gedanken, daß die heutige Situation bis in die tiefsten Abgründe der menschlichen Seele das Kriegswollen beseitigen würde. Man steigert sich in die merkwürdige Erwartung, daß auf einmal herrschsüchtige Gewaltmenschen der Friedfertigkeit huldigen müßten, daß auf einmal selbstsüchtige Erwerbsmenschen sich in Opferbereitschaft auflösen müßten, daß auf einmal in gewissenlosen Erfolgsmenschen Verantwortungsbewußtsein erwachen müsse und daß auf einmal abenteuerlustige Draufgänger den Nervenkitzel des Hasardspiels verabscheuen müßten.

Für das alles werfen Menschen immer wieder ihr Glück und Leben von sich? Oft nur für den Reiz eines einzigen Abenteuers; zumal wenn große Chancen verführerisch winken und hohe Phrasen das Absonderliche trügerisch verbrämen. Warum erzielen die schauerlichsten und schundigsten Darbietungen die größten Umsätze? Grauen und Verkommenheit in geheimnisvoller, ungewisser Ferne lockt unwiderstehlich die Minderwertigen. Warum begehen Halb- und Ganzstarke Dummheiten und Verbrechen, die ihre Zukunft zerstören und ihnen ein gutes und angenehmes Leben verbauen? Nur aus unmotiviertem Erlebnis- und Geltungstrieb wollen sie ein unbefriedigendes und inhaltloses Alltagsleben mit der Sensation sinnloser Zerstörungstaten auffrischen! Wo und wann haben tödliche Strafen und zerstörende Folgen für Besitz, Leib und Leben Dumme von Dummheiten und Verbrecher von Verbrechen abhalten können? »Die Weltgeschichte ist eine Aufzeichnung der Dummheiten und Verbrechen der Menschheit« (Ranke).

Man bewundert die Verkünder dauernden Friedens, der durch eine überdimensionale Angst vor der Vernichtung gewährleistet sein soll. Aber der »Traum eines lächerlichen Menschen« macht all die Bewunderten mitsamt ihrem Scharfsinn lächerlich: »Und andere Menschen traten auf, die grübelten darüber, wie alle sich wieder vereinigen könnten, ohne daß der einzelne aufzuhören brauchte, sich selbst am meisten zu lieben, und wie alle, ohne sich gleichzeitig zu stören, zusammenleben könnten, wie in einer einzigen Gemeinschaft. Man führte ganze Kriege für diese Idee. Alle Kriegführenden hatten den festen Glauben, daß die Wissenschaft, die Weisheit und der Selbsterhaltungstrieb die Menschen endlich zwingen würde, sich zu einer friedlichen, vernünftigen Gemeinschaft zusammenzuschließen, und aus diesem Grunde beeilten sich vorläufig die ›Weisen‹, die ›Nichtweisen‹ und solche, die ihre Idee nicht verstanden, schnell zu vernichten, damit sie ihrem Triumphe nicht im Wege stünden. Aber der Selbsterhaltungstrieb schwächte sich schnell ab, es kamen hochmütige Wollüstlinge, die die Forderung aufstellten: Alles oder nichts. Um alles zu gewinnen, griff man zu Freveltaten und, wenn sie nicht gelangen, zum Selbstmord« (Dostojewskij).

Starke Kräfte wühlen und wirken in den Abgründen der Seele; als eigentlicher Motor allen Geschehens. Sie leiten das Denken und Handeln hin zur Realisation der offenen und verborgenen Wünsche und Bedürfnisse, Sehnsüchte und Neigungen, Lüste und Triebe. Was bedeuten alle intellektuellen Konzeptionen und technischen Apparaturen, wenn das, was sie leisten sollen, im Inneren der Menschen keinen Widerhall findet? Welche Kräfte sorgen und wachen, daß Konzeptionen und Apparaturen entstehen und bestehende so funktionieren, daß sie wirklich dem Bestande dienen? Und welche Kräfte drängen, daß Konzeptionen und Apparaturen entstehen und funktionieren, daß gerade diese den Untergang herbeiführen? Ist man sich des Wirkens solcher Kräfte überhaupt bewußt, wenn man heute großen Konzeptionen und mächtigen Apparaturen Sein und Nichtsein ausliefert?

Die Kräfte des Bestandes sind Wohlwollen und Barmherzigkeit, Ordnung und Zufriedenheit, Gerechtigkeit und Wahrhaftigkeit, Vertrauen und Hingabe. Es sind die Kräfte und allein die Kräfte, die von Gott ausgehen an diejenigen, die an Ihn und Seine Offenbarung glauben, auf Ihn und Seine Macht hoffen und Seine Wesen lieben.

Die Kräfte des Unterganges erwachsen dagegen aus eben den Machenschaften, die uns überall umgeben: Haßerfüllter, kalter Interessenkampf hetzt Mensch gegen Mensch und Volk gegen Volk. Aufgepeitschte Zuchtlosigkeit und Gewalttat verlangt nach immer größerer Maßlosigkeit; in vergeblicher Jagd nach Befriedigung. Enttäuschende Versprechungen treiben die Erwartungen schneller voran als ein sich abstumpfendes Genußvermögen. Tendenziöse Anschuldigungen ganzer Kollektive säen Erbitterung und Haß und treiben die Völker in neue Schuld; besonders dann, wenn sie in schamloser Selbstrechtfertigung und perverser Verkennung der wahren Buße von denen selbst ausgehen, die zum Schutz und der Verteidigung bestellt wären. Vermehrte Zurückhaltung bei den Verantwortungsbewußten macht Platz für vermehrte Einflußnahme der Verantwortungslosen. Mißtrauen bestimmt das Verhalten des einzelnen zum Staate und der Jüngeren zu den Älteren. Staatsmänner, Parteileute, Ideologen, Redakteure, Journalisten pachten die »höhere Warte« und setzen ihre Wertmaßstäbe an Stelle der ewigen. Mit Entstellung und Lüge wird »psychologisch bearbeitet« und »erzogen«; in dem geradezu teuflischen Irrtum, daß solches einem guten Zweck dienen und zu einem guten Ziel führen könne. Mit leeren Phrasen glaubt sich eine neue Zeit über die Vergangenheit erheben zu können; ohne die Einsicht, die allein die Katastrophe vermeiden könnte.

Dämonen erstehen dem Menschen aus den Niederungen seiner eigenen Seele; Dämonen, deren widerwärtiges Antlitz man nicht schauen möchte. Die Anerkennung der Macht Gottes und die ergebene Befolgung Seiner Gebote widerstrebt dem Stolz des Menschen. Das Bewußtsein vom Wirken dämonischer Mächte ist erloschen – und mit geschlossenen Augen betet man Intellekt und Technik an. Eine aufgeklärte, machtberauschte Menschheit tanzt als Spielball der Gewalten ohnmächtig auf den Wogen des Geschehens; dunkler Dämonie preisgegeben.

Eine besondere Gefahr stellen in dieser Hinsicht die Elektronengehirne dar; die moderne Art von Orakelkult. Zwar kann man mit solchen Apparaturen Geschwindigkeit, Umfang und Präzision der logischen Denktätigkeit unabsehbar weit steigern. Aber die eigentlichen Grenzen des Urteilsvermögens liegen gar nicht im logischen Denkvermögen der Menschen, sondern in den Voraussetzungen, von denen alle Konzeptionen ausgehen, und in den Wertmaßstäben, die allem Denken zugrunde liegen. Diese Voraussetzungen und Wertmaßstäbe sind aber Sache einer höheren Einsicht, die eine Maschine ihrem Wesen nach nicht aufbringt. Die Maschine arbeitet nach der »Programmierung« des Ingenieurs. Sie ist nur ein verlängertes Gehirn, kein Geist; sie ist nur Instrument, kein Leben. Sie gleicht einer verbesserten Orgel, aber nicht einem Organisten. Durch das rasche und exakte Arbeiten der Maschine wird eine falsche Sicherheit vorgetäuscht, indem die Kontrolle über die Wahrheit, Tragfähigkeit und Erschöpfung der Voraussetzungen und Wertmaßstäbe verlorengeht; eine Kontrolle, die im natürlichen Denken durch die Nähe des lebendigen Geistes dem Denkenden bei jedem einzelnen Schritt implizite gegeben ist.

Dazu kommt noch etwas viel Schwerwiegenderes und Folgenschwereres: Die Maschine arbeitet mathematisch-logisch; menschlich-sittliche Gesichtspunkte, die erst das Wesen des lebendigen Geistes ausmachen, sind ihrer Konstruktion überhaupt nicht einprägbar. Die Maßstäbe der Maschine sind allein »richtig und falsch«, aber nicht »gut und böse«. Ihre Urteile und alle nicht erscheinenden Zwischenurteile kennen gar kein Gut und Böse. Gerade der Unterschied, der das lebendige Dasein der Menschen zur Qual oder Freude macht, ist damit der Maschine wesensfremd. Sich ihr anzuvertrauen bedeutet die Seele dem Seelenlosen preiszugeben; genau das, was die Hölle kennzeichnet. Das im Menschen wohnende Dämonische, dem jedoch der natürlich denkende Mensch aus seinem sittlich-religiösen Empfinden heraus zu begegnen vermag und das er im natürlichen Denkprozeß sich bewußt zu machen und auszuscheiden vermag, bringt die Maschine gefühllos, hemmungslos und unbemerkt (!) zur vollen Geltung. Sie vollendet die Hilflosigkeit des Menschen gegenüber den eigentlichen Grenzen seines Urteilsvermögens: gegenüber den geistigen Voraussetzungen und Wertmaßstäben, die er mehr unbewußt als bewußt setzt und anlegt.

Ungeachtet der abgründigen Mächte setzen die Menschen ihre Hoffnung in intellektualisierte Konstruktion und in technisierte Macht. Aus ihrem Urteilen und Handeln wähnen sie das Fundament des Friedens erstellen zu können. Aber welche Sicherheit bietet unser Urteilen und Handeln heute, in der Zeit der Nuklearenergie tatsächlich?

Der technische Stand entwickelt sich exponentiell. Zugleich steigt auch die Fortentwicklungsgeschwindigkeit exponentiell an. Es ist somit nur eine Frage der Zeit, wann die Urteilskraft überschritten wird und wann die Zuverlässigkeit jedes Urteils zwangsläufig endet.

Zwangsläufig mit fortschreitender Entwicklung gewinnen immer kompliziertere Teilfragen an Bedeutung und Teilgebiete immer mehr spezifischen Einfluß auf das Gesamtgeschehen. Zwangsläufig mit fortschreitender Entwicklung formieren sich immer stärkere, mächtigere und einflußreichere Gruppen mit ihren festen Doktrinen. Eine zuverlässige Beurteilung des Gesamtgeschehens würde sowohl genügend umfangreiche und zuverlässige Informationen und Spezialkenntnisse als auch die Unabhängigkeit von allen Gruppen und Doktrinen erfordern. Diese einander verdrängenden Forderungen zu erfüllen wird immer schwerer und kurz über lang unmöglich.

Unvoreingenommenheit gegenüber Modemeinungen, gegenüber der innerhalb der Gruppen sich aufschaukelnden Meinungsbildung ist noch am ehesten bei unabhängigen Wissenschaftlern und Denkern zu erwarten. Sind aber solche Wissenschaftler und

Denker heute prinzipiell noch in der Lage, sowohl hinreichend gründliche als auch hinreichend umfassende Erkenntnisse und Einsichten zu erlangen? Aber sogar wenn es so überragende Menschen wirklich gäbe, in welchen sich in ungewöhnlichem Maße Intellekt und Intuition zusammenfinden und die sowohl der Gründlichkeit als auch Umfassendheit Genüge leisten könnten, würde dies im Rahmen der gegebenen Verhältnisse nicht viel nützen: Wer kann diese Großen von den vielen Phantasten zuverlässig unterscheiden? Wer kann die Wirklichkeit ihrer Einsicht maßgeblich beurteilen? Wer kann ein allgemeines Handeln nach ihrer Einsicht verantworten und durchsetzen?

Hierzu stellt sich noch ein Effekt ein, der von ganz weittragender und für die Welt geradezu lebensgefährlicher Wirkung ist: Je intelligenter und einsichtiger ein Wissenschaftler und Denker ist, um so mehr erkennt er die völlige Unzulänglichkeit seiner eigenen Erkenntnisse und entsprechend auch die Unzulänglichkeit der anderen. Je gewissenhafter er dabei noch ist, um so weniger wagt er es, seinem Urteil Nachdruck zu verleihen und seine Erkenntnisse mit Ellbogen durchzusetzen. Er hält sich – eben in dieser hohen Einsicht – zurück; schon in seinem eigenen Fach, erst recht in Urteilen, die andere Fächer miteinbeziehen müßten. Was dabei noch schlimmer ist: Er zieht sich auf »sein Spezialgebiet« – vielleicht wichtige wissenschaftliche Arbeiten – zurück und hält sich nicht für zuständig, mit der Kraft seiner Persönlichkeit und Autorität in die unerfreulichen und heißen Auseinandersetzungen verantwortlich einzugreifen, die das künftige Geschick der Erde und ihrer Bewohner bestimmen.

Gerade die anderen haben aber diese Hemmungen nicht: Je primitiver und oberflächlicher ein Mensch ist, um so überzeugter ist er von der Tiefe seiner Erkenntnis und dem Stand seines Wissens. Um so bedenkenloser und ungehemmter tritt er in die Öffentlichkeit und fällt – in bester Meinung vielleicht – Urteile, die das Wohl und Wehe der ganzen Welt betreffen. Ein solcher Mensch hält sich auch in den folgenschwersten Situationen für zuständig und trifft mit erstaunlicher Selbstsicherheit Entscheidungen, vor denen Bessere zurückschrecken.

Es ist eine in der Psychologie sehr bekannte, alltägliche Erscheinung, daß die Minderwertigkeitsvorstellungen praktisch nur bei den Intelligenten vorkommen, indem sich die Dummen in ihrer spannungslosen Primitivität sehr wohl fühlen. Damit tritt gerade das Urteil derer zurück, die noch am allermeisten wissen – und die Urteile derer, die noch viel lernen müßten, schallen von Kontinent zu Kontinent.

Wir stehen vor einer grundsätzlichen Grenze: Die Gewalt, Größe und Vielseitigkeit des Geschehens haben die Fassungskraft der Menschen überschritten. Keine Intelligenz kann ihren Schatten überspringen: Was ein Mensch für richtig hält, hält er für richtig; was er für falsch hält, hält er für falsch. Und jede Intelligenz ist begrenzt. Das irrende Vermeinen ist zur tödlichen Gefahr geworden. An Selbstkritik und Kritik werden geradezu übermenschliche Anforderungen gestellt.

Das Risiko, das sich mit dem Vertrauen in jeden noch so großen Menschengeist verbindet, ist zu hoch. Man verlagert das Vertrauen in die Urteilskraft von Gruppen und Gremien. Aber mit Fortschreiten der Entwicklung und mit Steigerung der Weiterentwicklungsgeschwindigkeit treten immer mehr Umstände in Erscheinung, die sich gegenseitig derart verschärfen, daß sie der Zuverlässigkeit von Gruppen- und Gremienurteilen ein ziemlich jähes Ende setzen:

Alle Fachurteile den entscheidenden Überlegungen zugrunde zu legen, würde von vornherein jede Konzeption unmöglich machen. Es ist ein Unglück und doch eine Unausweichlichkeit, daß die entscheidenden Instanzen ihre Fachgutachter so aussuchen müssen, daß deren Urteile in ihre eigenen Vorstellungen passen; (besser ausgedrückt:) daß sie aus diesen ihre eigene Meinung heraushören. Damit ist aber der Sinn und Nutzen des Fachurteils grundsätzlich verlorengegangen. In solcherart charakteristischer Urteilsinzucht bilden sich eben die verschiedenen Gruppen, die die Verbindung zueinander verloren haben. Es kommt zur Verkündigung von Doktrinen, die alles andere ausschließen.

All die modernen Mammutkonferenzen über die großen Weltprobleme fallen erschreckend auseinander in solche sich inzüchtig selbsterregenden Gruppen und Doktrinen, die nicht mehr zueinanderfinden können. Nur den Unwissenden und Gleichgültigen beruhigt solche Ansammlung von Betriebsamkeit, Wissenschaftlichkeit und Prominenz — und nur er wundert sich über die erschreckende Ergebnislosigkeit.

Dies ist die Krise des menschlichen Urteilsvermögens und das Ende der Zuverlässigkeit jedes Urteils; ein Zustand, der sich von einem gewissen Entwicklungsstand ab zwangsläufig einstellt.

Die Krisenhaftigkeit unserer intellektuellen Situation gegenüber den Weltproblemen wird überdies noch gesteigert durch die Überholung der wohlerprobten »neuzeitlichen« Denkmethodik: Mit Galilei ist die »naturwissenschaftliche Methodik« entstanden, die die Neuzeit gestaltet hat. In ständiger Korrektur der Theorie durch das Experiment und in ständiger Neugestaltung des Experiments durch die Theorie führte die Geschicklichkeit der Wissenschaftler in die Tiefen des Atomkerns und in die Höhen der Sterne. Der jeweilige Irrtum wurde zum immer neuen Ansatzpunkt eines weiteren und immer weiteren Schrittes zur Erkenntnis der Wirklichkeit. Die Möglichkeit, mit begrenzter Wahrscheinlichkeit der jeweiligen Theorien im Hinblick auf die Reproduzierbarkeit der jeweiligen Experimente die Zuverlässigkeit der jeweiligen Erkenntnis zu steigern, ist die Stärke und gibt die Grenze dieser Methodik.

Ein wissenschaftlicher Irrtum oder Fehlgriff beschränkt sich nicht mehr auf die Universitäten, sondern erscheint an den Konferenztischen, auf den Schießplätzen und in den Kraftstationen. Die Nuklearenergie zeitigt im Falle eines Fehlgriffes irreparable Auswirkungen über den gesamten irdischen Lebensraum und bis in die Zeit ferner Geschlechter. Eine spätere Irrtumseinsicht bleibt fruchtlos und ohne aufhaltende Wirkung. Der Nuklearenergie haften in ihrer kosmischen Mächtigkeit eine Einmaligkeit und Geschichtlichkeit an, mit der sie aus den Bahnen der heute gewohnten Methodik des Denkens und Urteilens ausbricht.

Nur ein natürliches, unvoreingenommenes Denken könnte neu an das Neue heranführen. Aber gerade auch die weiten Auswirkungen der militärischen wie wirtschaftlichen Nutzung der Nuklearenergie schaffen Umstände, die einem natürlichen Denken entgegenwirken: Überaus einflußreiche Macht- und Interessengruppen entstehen zwangsläufig, die mit allen Mitteln modernster Psychologie und Organisation um die Menschen werben, sie ausrichten und festhalten. Doktrinäres Formaldenken tritt an Stelle eines natürlichen Denkens und Empfindens. So kommt es, daß sich die gewalttätige Wirklichkeit der Nuklearenergie mit einer kulissenhaften Unwirklichkeit im Denken und Urteilen verbindet.

Diese intellektuelle Krise zusammen mit der überdimensionalen Folgenschwere von Fehlurteilen kommt mit den natürlichen menschlichen Schwächen verhängnisvoll zusammen. Es gibt ohnehin wenig Menschen, die Unannehmlichkeiten und Opfer um des allgemeinen Heiles willen zu tragen bereit sind — und entschlossen Notwendiges unternehmen. Es gibt zwar auch wenig Menschen, die zu ihrer Annehmlichkeit und ihrem Nutzen ein allgemeines Unglück in Kauf nehmen — und bewußt Notwendiges unterlassen. Es gibt aber viele, viele Menschen, die Augen, Ohren und Denken sehr vorzugsweise dorthin wenden, wo ihnen Unannehmlichkeiten und Opfer nicht zugemutet werden und wo das ihnen Annehmliche und Nützliche verlangt wird. Und wenn die Welt dabei unterzugehen droht: Sie merken es nicht und wollen es nicht merken. Die Ungewißheit und Ungeheuerlichkeit nötigt viele Menschen zu solch verhängnisvoller Verhaltensweise; Menschen, die unter normalen Belastungen ihr gutes Anteil zu einem ordentlichen Staatswesen beisteuern würden. Eine trostlose Desorientierung und eine quälende Überforderung machen fast unvermeidlich den Wunsch zum Vater des Gedankens.

Die sittlich-religiösen Kräfte als maßgebliche Gewalt anzuerkennen und sich der göttlichen Ordnung zu unterwerfen, scheut man sich; man sieht über sie hinweg. Den intellektuellen Kräften kann man mit Überschreitung ihrer Grenzen nicht mehr trauen. Man beschränkt sich auf Konzeptionen, die in ihrer Primitivität durchschaubar scheinen — und das Gefühl ansprechen. Die Angst vor der Vernichtung, der Urinstinkt alles Existierenden, soll jeden Angriffswillen brechen. Die maschinenhafte Macht einer überzogenen Technik soll den Frieden sichern; ihrem Funktionieren wird – höchst problematisch – Sein oder Nichtsein unterworfen. In der Konzeption der »Abschreckung« stützt sich eine kümmerliche Friedenshoffnung auf einen gigantischen Sicherheitsapparat.

Abschreckung und Abrüstung

Die gegenüber herkömmlichen Explosivkörpern vielmillionenfach größere spezifische Detonationsenergie von nuklearen Explosivkörpern (etwa wie eine Sekunde zu einem Jahr) und die davon ausgehende weltweite Radioverseuchung schaffen von Grund auf andersartige und neuartige Verhältnisse, die politisch und militärisch völliges Umdenken erfordern.

Die Gegner der nuklearen Rüstung weisen immer wieder auf die Entsetzlichkeit eines nuklearen Krieges hin; gerade als wenn die Befürworter der nuklearen Aufrüstung dies nicht auch wüßten und einen nuklearen Krieg vorbereiten wollten. Im Gegenteil: Auch diese kennen diese Schrecklichkeit – und wollen gerade bauend auf diese mit ihrer Aufrüstung einen Krieg vermeiden. Sie wollen durch ihre Rüstung den Gegner abschrecken, einen Angriff zu führen. Die ganze Schrecklichkeit des Nuklearkrieges würde auch tatsächlich ihren Schrecken verlieren, wenn sie einen Nuklearkrieg wirklich verhindern könnte.

Ebenso ungeeignet wie die Gegner auf die Schrecklichkeit des Nuklearkrieges hinweisen, weisen die Befürworter der Abschreckung auf die Nichtanwendung des Giftgases im zweiten Weltkrieg hin. Solche Argumente lassen die Abschreckungskonzeption noch viel weniger durchdacht erscheinen, als sie tatsächlich durchdacht ist: Das Giftgas hatte im zweiten Weltkrieg nicht entfernt die Bedeutung und bildete nicht das Rückgrat einer Abschreckungskonzeption wie heute die Nuklearenergie. Das Giftgas wurde verboten und nicht eingesetzt mit Rücksicht auf die Menschlichkeit einer tatsächlichen Kriegführung. Die Nuklearenergie soll dagegen heute mit ihrer entschlossenen Einsatzdrohung und der Bereitung ihres zwangsläufigen Einsatzes einen Krieg überhaupt vermeiden — und wird deshalb auch nicht verboten.

Die Probleme der aktuellen Kriegführung haben sich auf die ganz anderen Probleme der psychologischen, intellektuellen und technischen Vorgänge der Zeit vor dem potentiellen Kriege, vor dem überhaupt zu vermeidenden Kriege verlagert. Es steht gar nicht mehr zu Frage, ob der Einsatz nuklearer Waffen im aktuellen Kriegsfalle zweckmäßig oder unzweckmäßig, menschlich oder unmenschlich, zu überleben oder alles beendend sei. Die Frage ist allein, ob und wie der Krieg als solcher in die Irrealität zu setzen sei. »Willst du den Frieden, so bereite den Krieg!« Man kann sich streiten, ob die bisherige Geschichte diesen Satz bestätigt hat; gilt er aber vielleicht im Nuklearzeitalter?

Seit eine Waffentechnik und deren Fortentwicklung die Taktik und Strategie beherrschen, eilt die Offensivkraft der Defensivkraft immer mehr voraus, und die Angriffswaffen setzen sich gegenüber den Abwehrmitteln immer wirksamer durch. Dieses Argument der Rüstungsgegner ist zwar richtig, aber es trifft nicht den Kern der Abschreckungskonzeption, die gar nicht — oder nicht primär — auf eine Abwehr oder Verteidigung rechnet, sondern sich auf den Gedanken eines potentiellen Gegenangriffs, eines drohenden Gegenschlags, also auf eine Gegendrohung stützt. Das Theorem der Abschreckungskonzeption fordert die Möglichkeit, einen jeden Angreifer durch einen Gegenschlag vernichtend treffen zu können. Der Anreiz zu jedem gegnerischen Angriff soll damit genommen sein — und damit dauernder Friede gesichert sein. Die Überdimensionalität der Waffen soll das Patt jeder Strategie herbeiführen und den Krieg zum überholten, untauglichen Mittel werden lassen.

Das Unglück besteht nun darin, daß diese Abschreckungskonzeption so bestechend einfach und überzeugend aussieht und die primitivsten Fehlhandlungen geradezu herausfordert, während sie tatsächlich überaus problematisch ist. Es ist nicht übertrieben, wenn man feststellt, daß die Menschheit noch nie vor einem so schwierigen, verwickelten, vielseitigen und folgenschweren Problem gestanden hat wie heute vor der Abschreckungsproblematik.

Die Grundfrage ist, ob überhaupt eine auf die Dauer katastrophenfreie Lösungsmöglichkeit für die Abschreckungsproblematik besteht. Dann erst könnte die weitere Frage gestellt werden, wie eine solche praktisch zu realisieren sei.

Die Abschreckungskonzeption verlangt für jede beteiligte Macht eine jeweils passende Einstellung des eigenen Rüstungsstandes gemäß ihrer jeweiligen Information über den gegnerischen Rüstungsstand. Es ergibt sich daraus insgesamt ein System mit einer »aktiven Schleife«.

Die ganze moderne Technik wird von den Reglerschleifen der Automatisation beherrscht. Die ganze Wirtschaft, das vielschichtige Geschehen des Warenumsatzes und Geldumlaufes ist ein Netzwerk von Interessenschleifen; ein einfaches Beispiel ist die Lohn-Preis-Spirale, die instabil in eine sich überstürzende Inflation zu entarten vermag. Die ganze Politik, das empfindliche Verhältnis der Völker zueinander ist eine Kette geschichtlich-psychologischer Reaktionsschleifen, indem sich die Handlungen jeder Seite über die Reaktionen der Gegenseite rückkoppeln. Instabilität dieser Schleifen bedeutet Ereignisse, die in einer sich aufschaukelnden Erregung und Situationsverschärfung der diplomatischen Steuerbarkeit entgleiten, so daß Gewalttat zum Recht wird: Krieg. Heute werden diese Schleifen überschattet von einer den ganzen Erdkreis umschlingenden, Technik, Wirtschaft und Politik einbeziehenden Schleife, die in ihrer Kompliziertheit und Unheimlichkeit keine Parallele hat: die Schleife der Abschreckung, von deren Stabilität die künftige Bewohnbarkeit dieses Planeten abhängt.

Die Maßnahmen der Abschreckungskonzeption müssen zwei ganz verschiedene und doch voneinander abhängige Forderungen erfüllen.

Die erste Forderung (die eigentliche Forderung der Abschrekkung) verlangt für jede Seite – West wie Ost gleich betreffend –, daß der eigene Rüstungsstand so hoch sein müsse (Gegendrohung), daß von vornherein möglichst kein Anreiz für einen gegnerischen Angriff besteht.

Die zweite Forderung verlangt, daß das gesamte System – West und Ost zusammenfassend – so wenig anfällig gegen Störungen (Unfälle) sei, daß möglichst keine ungewollte, selbsttätige Katastrophenauslösung droht.

Die erste Forderung, den Anreiz so klein als möglich zu halten, verlangt für jede Seite gleicherweise einen genügend hohen Rüstungsstand, um mit einem vernichtenden Gegenschlag gegendrohen zu können. Je größer hierbei der gegnerische Rüstungsstand ist, um so mehr muß notwendig der eigene Rüstungsstand gesteigert werden (Nachsteuerung in gleicher, verstärkender Richtung), denn um so mehr besteht die Gefahr, daß der Gegner so schwere Angriffsschläge führen könnte, daß abschreckend wirkende Gegenschläge unmöglich würden.

Das Wirtschaftspotential (Energiequelle) ist mehr oder minder der Rüstung zusteuerbar, wobei jedoch naturgemäß eine gewisse Zeit zwischen der Planung (steuernde Intensität) und dem nach und nach erreichten neuen Rüstungsstand (verstärkte Intensität) verstreicht. West wie Ost stellen somit je eine Energiequelle dar, die eine Verstärkung mit Tiefpaßeigenschaft begründet.

Maßgeblich für die eigene Planung ist die Information über Stand und Planung des Gegners: relativ zu rasche eigene Rüstung bringt auf lange Sicht ein Abfallen durch zu starke Belastung der Wirtschaft; relativ zu langsame eigene Rüstung aber bringt auf kurze Sicht eine Anreizerhöhung für einen gegnerischen Angriff. Doch auch über solcher Informierung verstreicht immer Zeit; durch Spionage ist diese Zeit zwar verkürzbar, und mit Kontrollvereinbarungen wäre sie noch weiter verkürzbar. Aber immer verbleibt wenigstens die Zeit, die zu einer einigermaßen zuverlässigen Auswertung des Informationsmaterials erforderlich ist und deren Zuverlässigkeit mit der Prüfungszeit asymptotisch zunimmt. Die westliche Information über den Osten wie auch die östliche Information über den Westen wirkt somit je als ein Kopplungsglied mit ebenfalls Tiefpaßeigenschaft. Damit ergibt sich die komplette, aktive Schleife derart, daß jeder Stand den anderen hochtreibt. Wir sehen ein gigantisches Wettrüsten; getrieben durch die Angst vor gegnerischem Vorsprung und sich maßlos überstürzend.

Aber die Schleife geht damit nicht in eine Sättigungsstabilität über, denn die Wirtschaftspotentiale, welche die Fortentwicklung und Produktion weltvernichtender Nuklearwaffen tragbar machen, sind hierfür viel zu ergiebige Energiequellen — und die Informationen ergeben naturgemäß keine Intensitätsbegrenzungen. Andere Umstände überholen vorher die Konzeption der Abschreckung und machen ihre erste Forderung unerfüllbar:

Die Menge und Furchtbarkeit der Waffen wird immer größer und größer bei erhöhter Geschwindigkeit und Zielsicherheit der Raketen. Der Fabrikation von nuklearen Explosivkörpern der A- und H-Klasse ist keine technische Grenze gesetzt. Man bemüht sich zwar, die radioaktiven Ausschüttungen der nuklearen Detonationen so klein wie möglich zu halten, da sich diese Aktivität mehr oder minder über die ganze Erde verbreitet und auch denjenigen selbst schädigt, der solche Waffen im Feindesland zum Einsatz bringt. Aber der physikalisch bedingte Umstand, daß nukleare Explosivkörper unumgänglich um so größere und schwerere kritische Massen bekommen, je geringer ihre relative Radioaktivitätsenergie nach der Detonation ist, und unumgänglich um so höhere relative Radioaktivitätsenergie aufweisen, je kleiner ihre kritischen Massen sind, schafft sehr unglückliche Verhältnisse:

Große kritische Massen erfordern entsprechend große Trägerraketen, die entsprechend nur von großen ortsfesten Anlagen abgeschossen werden können. Durch einen feindlichen Angriff wären diese ortsfesten Anlagen verhältnismäßig leicht ausschaltbar, so daß ihre abschreckende Wirkung entsprechend gering ist; auch dann, wenn solche Großraketen — wie geplant — in unterirdische Abschußschächte verbracht werden, die durch tonnenschwere Schachttüren weniger leicht verwundbar gemacht werden. Aber aus dem ungestörten Frieden heraus könnte damit um so leichter ein Großangriff erwogen werden. In Bodennähe detonierte, schwere H-Bomben bewirken derartige mechanische Zerstörungen und in Satellitenhöhen detonierte Super-H-Bomben bewirken derartige großflächige Durchglühung der Atmosphäre mit gleichzeitiger Störung des Radarsystems, daß ihr schlagartiger Einsatz die Möglichkeit eines wirksamen Gegenschlages mehr und mehr in Frage stellt.

Die Konzeption der Abschreckung muß sich entsprechend umgekehrt vor allem auf die nuklearen Explosivkörper kleiner kritischer Massen stützen, deren Abschußbasen mit Eisenbahn, U-Boot und Trägerflugzeug unentwegt verschiebbar und damit durch einen Überraschungsangriff weniger leicht ausschaltbar sind. Ein Gegenschlag mit diesen »dreckigen«, kleinen Nuklearwaffen wird also kaum ganz verhinderbar sein. Durch das Zusammenkommen dieser Umstände wird also kurz über lang in der Entwicklung ein Stand erreicht werden, der zu einem Überraschungsangriff wieder verstärkt anreizt, ohne daß sich damit die Gefahr für eine weltweite Radioverseuchung verringert.

Es entstehen – in Hinsicht auf bewegliche Basen – Militärdoktrinen, die mit der Möglichkeit monatelangen und jahrelangen (!) gegenseitigen Nuklearbeschusses beweglicher Basen rechnen und die den »Sieg« als abhängig von der Größe der künftigen Nuklearwaffenarsenale betrachten. Angesichts der heute schon bestehenden Nuklearwaffenarsenale zeigt eine solche Betrachtung vor allem das gespenstische Phänomen eines Gewöhnungsprozesses des menschlichen Denkens und Empfindens an die Maßlosigkeit; eines Gewöhnungsprozesses, in welchem die Erwägung einer langfristigen, tödlichen Verseuchung des Erdkreises bei solchem Wahnsinn einfach untergeht.

Das Hinzukommen weiterer, unabhängiger Nuklearmächte macht die Gesamtverhältnisse zu noch undurchsichtigeren Mehrschleifensystemen. Der Anreiz, eine derart beunruhigende Entwicklung durch einen verzweifelten Überraschungsangriff abzustoppen, um mit Ergreifen der Weltherrschaft einer solchen immer maßloser werdenden Gefahr Einhalt zu gebieten, wird immer gewinnender. Der Umstand, daß dem Angreifer hierbei höchstwahrscheinlich selbst der Untergang erwächst, wird überkompensiert durch die noch gräßlichere Erwägung, daß sonst auf die Dauer erst recht kein Ausweg bleibt – und die Katastrophe um so entsetzlicher wird, je später sie eintritt.

Keineswegs einfacher wird die Problematik durch die konventionellen Streitkräfte, die sich vor allem auf Bodenkampfflugzeug und Panzer stützen. Diese bedeuten eine Gegendrohung gegen lokale feindliche Unternehmungen (»kleine Abschreckung«) neben der Gegendrohung mit weltweit vernichtenden Nuklearwaffen (»große Abschreckung«), deren Einsatz bei lokalen Konflikten ausscheidet. Ob durch solche »abgestufte« Abschreckung (Kissinger) die Lage gefestigt oder noch labiler wird, ist umstritten. Einerseits kann dadurch in lokale Konflikte rasch und verhältnismäßig unbedenklich eingegriffen und so einem Weltkonflikt vorgebeugt werden. Andererseits entstehen auf diese Weise verhältnismäßig leicht lokale Kriege, die immer die Gefahr einer Ausweitung in einen globalen Großkrieg bergen. Da hierbei die kurzfristig (auf Monate) angelegten taktischen Operationen mit Tieffliegern und Panzern erstaunlich wenig durch nuklearen Beschuß behindert werden, während sich die weltweite Radioverseuchung der Atmosphäre erst langfristig (in Jahren) auswirkt, werden Tiefflieger und Panzer auch in einem sich länger fortsetzenden Nuklearkrieg ihre fundamentale Bedeutung weiterhin behaupten und sogar erhöhen. Ein Großangriff mit diesen konventionellen Waffen verspricht deshalb auf alle Fälle – ob sich daraus ein Nuklearkrieg entwickelt oder nicht – Erfolg für Mächte, denen große Heere zu Gebote stehen. Der Angriffsreiz wird also auch von dieser Seite her gesteigert.

Es nützt eben auf die Dauer nichts, wenn sich vorübergehend die Erfüllbarkeit der ersten Forderung, den Anreiz zu einem gegnerischen Angriff klein zu halten, noch verbessert. Ab einem gewissen Entwicklungsstand wird diese Forderung weniger und immer weniger erfüllbar; trotz der immer größeren Zahl und Schrecklichkeit der Waffen; ja gerade deshalb. Die Steigerung von Zahl und Schrecklichkeit der nuklearen Waffen zeigt ein Janusgesicht.

Die zweite Forderung, die Gefahr einer Selbstauslösung der Katastrophe herabzusetzen, wird dabei mit fortschreitendem Entwicklungsstand ebenfalls immer weniger erfüllbar; durch mehrere zusammenwirkende Umstände: Die hohe interkontinentale Geschoßgeschwindigkeit von ca 8 km/sec (dh in ¼ Std über den Atlantik) läßt damit rechnen, daß bei einem Überraschungsangriff des Gegners sowohl eine Ausschaltung aller von menschlichem Entschluß geleiteten Befehlsstellen als auch eine Ausschaltung der meisten ortsfesten Gegenschlaganlagen erfolgt. Als »Warnzeit« würden nur noch wenige Minuten verbleiben; viel zu kurz, um irgendwelche militärischen Entschlüsse zu fassen. Die Möglichkeit, H-Waffen von Basissatelliten zu starten oder selbst Super-H-Bombensatelliten zu detonieren, läßt die Warnzeit praktisch überhaupt verschwinden. Um zu verhindern, daß diese kurzen Warnzeiten einen Gegenschlag unmöglich machen und damit den Anreiz zu einem gegnerischen Angriff katastrophenbringend steigern, verbleibt nur die Möglichkeit einer »Automatisierung« des Gegenschlages.

Die Nuklearwaffenraketen werden hierzu scharf und eingezielt derart bereitgehalten, daß sie im Falle eines gegnerischen Angriffs selbständig zum Einsatz kommen. Während einer fortgesetzten Verschiebung der Basen auf dem Land, im Wasser oder in der Luft werden dabei die Zieleinrichtungen unentwegt nachgestellt bzw. die Anfangsbedingungen der Programmsteuerung korrigiert. Hierbei ist es im Effekt gleichgültig, ob dieser selbsttätige Einsatz in der Weise geschieht, daß die Energie einer feindlichen Nuklearwaffenexplosion den Startimpuls unmittelbar auslöst oder daß die auf Grund eines allgemeinen Befehls zu selbständigem Handeln beorderten subalternen Basenkommandeure den Startimpuls geben. Schon durch eine einzige Abschußstelle kann also durch Überspielen des Sicherheitsapparates – etwa durch eine nie ganz vermeidbare, ungewollte technische oder menschliche Fehlleistung oder durch Natureinwirkung – die allgemeine Katastrophe ausgelöst werden: Das eine Geschoß löst drüben die ganze gegnerische Anlage zum Angriff aus, die ihrerseits wieder herüben den Gegenschlag auslöst. Dies ergibt eine nicht zu ermessende Störanfälligkeit des Gesamtsystems. Der Fortbestand aller ist damit nur noch eine Frage der Zeit und des Zufalls.

Sollte man bei einem versehentlichen Geschoßabgang sofort den gesamten Großangriff starten, um wenigstens noch das Überraschungsmoment zu nutzen – oder sollte man vielleicht den Gegner warnen? Würde der Gegner eine solche Warnung nicht für eine Falle halten und statt seine Automatisierung abzuschalten sofort angstgetrieben seinerseits zum Großangriff schreiten? Wäre der Gegner innerhalb der wenigen entscheidenden Minuten überhaupt noch fähig, die Situation zu überschauen, Schaden und Nutzen abzuschätzen und Entschlüsse zu fassen? Alles ist fraglich in diesem Herrschaftsbereich des Zufalls.

Mit weiterer Fortentwicklung rückt überdies Sabotage und Erpressung der Völker durch anomale oder verbrecherische Menschen gespenstisch in den Bereich des Möglichen.

Bei dem fortgeschrittenen Entwicklungsstand wäre die wirkliche Anwendung des Gegenschlags bereits Teil der Katastrophe und ist damit nicht als in der Politik realisierbare Möglichkeit einplanbar. Dies bedeutet eine weitgehende Lähmung der Großmächte, die praktisch nur im Rahmen der kleinen Abschreckung operationsfähig sind; mit all ihren Fragwürdigkeiten. Dadurch werden die Kleinstaaten zu einem hochriskanten Verhalten in der Durchsetzung ihrer Interessen verleitet. Je rücksichtsloser ein Staat dabei das Wohl der ganzen Welt riskiert, um so mehr eigene Interessen kann er durchsetzen. So entstehen unentwegt Krisensituationen, die die Großmächte zu höchster Bereitschaftssteigerung ihres technischen Apparates zwingen und dauernd schwere psychische Belastungen und Zwangslagen mit sich bringen. Dies bedeutet weiter eine extreme Steigerung der Störanfälligkeit.

Die instabile Schleife treibt eine Entwicklung voran, die zwangsläufig zu anderen Verhältnissen führt, als sie der Abschreckungskonzeption eigentlich vorschwebten. Sie führt immer mehr Zustände herbei, die sowohl die erste Forderung als auch die zweite Forderung immer weniger erfüllen. Hierbei ist es noch unglücklicherweise so, daß jeweils die Verringerung der Erfüllbarkeit der einen Forderung auch auf die Erfüllbarkeit der anderen Forderung ungünstig rückwirkt, so daß sich gleichsam zwischen diesen beiden Forderungen die Krise aufschaukelt: Je höher mit Hinsicht auf die Verminderung des Anreizes für einen gegnerischen Angriff der Rüstungsstand getrieben ist, um so störanfälliger ist das gesamte System. Je größer aber auch wieder die Störanfälligkeit eine ungewollte Katastrophenauslösung nahelegt, um so mehr steigt der Anreiz, im Rahmen des unvermeidlich Scheinenden wenigstens noch das Überraschungsmoment zu nutzen. Um diesen Anreiz wieder zu senken, muß der Rüstungsstand noch rascher weitergetrieben werden, was aber wiederum die Störanfälligkeit steigert.

Die beschleunigte Selbsterregung eines geradezu diabolischen Schleifensystems treibt die Menschen immer weiter an die Katastrophe. Sollte wirklich den Menschen die Kontrolle über dieses System entglitten sein? Schließt diese Schleife nicht das Handeln vernunftbegabter Menschen ein, denen freie Entscheidungen möglich sind und die diese Entwicklung verabscheuen? Sollten nicht wenigstens im unmittelbaren Angesicht der Katastrophe ungewöhnliche Taten zu erwarten sein, die diesem unheimlichen mitreißenden Aufrüstungsprozeß ein Ende setzen?

Damit taucht das schwierigste Problem vor uns auf, das auf die Grundlagen unseres Seins und Maßstabs zurückführt: das Problem der Abrüstung. Die praktische Verwirklichung der Abrüstung würde eine Durchbrechung der instabilen Schleife bedeuten, die sich mit logischer Gesetzmäßigkeit ergibt und diesen furchtbaren Wirbel immer schneller zum Rasen bringt.

Daß die Abrüstungsverhandlungen immer wieder scheitern – trotz aller Bemühungen und Hoffnungen –, hat sehr wesentliche Gründe:

Ebenso einfach wie einleuchtend ergibt sich, daß eine einseitige Abrüstung, ja sogar schon eine einseitige Verringerung der Fortentwicklungsgeschwindigkeit des Rüstungsstandes die Gefahr erhöht. Der Gegner könnte damit einen Vorsprung erlangen, der verstärkt zum Angriff reizt. Es müßte eine allseitige Verringerung der Rüstungsgeschwindigkeit und schließlich des Rüstungsstandes selbst erfolgen.

Aber hierbei ergibt sich die nie vermeidbare Informationszeit als grundsätzliche Schwierigkeit. Innerhalb der Informationszeit kann ein unzuverlässiger oder selbst mißtrauischer Gegner über sein wahres Verhalten täuschen und somit einen Vorsprung gewinnen. Dieser Vorsprung ist um so einschneidender, je kürzer die für eine gewisse Rüstungsfortführung erforderliche Zeit im Verhältnis zur Informationszeit ist; ist sie vergleichsweise kurz, so kann ein Vorsprung gewonnen werden, der nicht mehr aufzuholen ist, so daß der Angriff droht. Da sich die Zeiten für die Rüstungsfortführung mit dem technischen Fortschritt dauernd verkürzen, während die Informationszeit im wesentlichen unverändert bleibt, ist es nur eine Frage der Zeit, wann eine Abrüstung überhaupt unmöglich wird.

Durch Kontrollvereinbarungen kann die Informationszeit bedeutend verkürzt werden, so daß mit Kontrollen eine Abrüstung noch zu Zeiten eingeleitet werden könnte, in denen ohne Kontrollen eine Abrüstung schon nicht mehr möglich wäre. Aber auch bei Kontrollen verblieben immer noch so lange Informationszeiten — denn übereilte Auswertung des Informationsmaterials würde seinerseits zu erhöhter Störanfälligkeit führen —, daß sie im Verhältnis zur Rüstungsfortführungszeit bald zu lang würden. Mit Erreichen eines solchen Standes wären die Möglichkeiten zu einer Abrüstung endgültig verpaßt.

Eine besondere Erschwerung dieser Situation ergibt sich noch durch folgenden Umstand: Die Abschreckungskonzeption erzwingt eine fortgesetzte Rüstungsstand-Steigerung; auch — paradoxerweise — weit über den Stand hinaus, der ausreichend wäre, um den Gegner mit einem eigenen Angriff vollständig zu vernichten. Es muß ja ein vernichtender Gegenschlag auch dann noch möglich sein, wenn der Gegner durch seinen Überraschungsangriff den Großteil der eigenen Kampfmittel ausgeschaltet hat. Damit würde sich eine Verringerung der Drohung für die andere Seite erst bei einer Abschaffung eines größeren Teils des Gesamtwaffenbestands ergeben, während die Möglichkeit für einen hinreichenden Gegenschlag schon durch viel geringere Waffenabschaffung beeinträchtigt werden würde. Bei derart übersteigertem

Stand ergibt sich somit ein so gewaltiger Überhang der Angriffsdrohung, daß eine Abrüstung praktisch aussichtslos wird.

Hierbei bilden sich schließlich Zustände heraus, die sogar gesteigerten Anreiz zum Überraschungsangriff schaffen und eine extrem hohe Störanfälligkeit gegen selbständige Katastrophenauslösung begründen.

Das Grauen, das jetzt künstlich übersteigert wird, um es eben dadurch in der unverwirklichten Möglichkeit zu halten, wird zur jederzeit möglichen Wirklichkeit. Keine Spur bleibt mehr von Sicherheit; einem reinen Zufallsgeschehen ist alles preisgegeben. Wann fallen die Würfel; wann erfolgt die Auslösung der Katastrophe? Niemand weiß es. Der Fortbestand ist nur noch eine Frage der Zeit. Die Aussichten, gegen die Dynamik der Instabilität dieser Schleife aufkommen zu können, sind gering, werden immer geringer, um bald ganz zu verschwinden.

Verschwinden die Aussichten, dieser sich über allem Leben zusammenziehenden Schleife zu entgehen, wirklich? Ja, sie verschwinden wirklich, wenn die Menschen weiterhin ihre Konzeptionen anbeten. In einem auf das Heidentum zurückreichenden Götzendienst wird in der Logik das oberste Kriterium alles Seins verehrt; ein Götzendienst, dem sogar die Erkenntnis der Existenz Gottes unterworfen wird. Obgleich der Naturwissenschaftler an den Grenzen der Materie den Grenzen der Logik schon begegnet ist, hält der Hochmut immer noch die Menschen im Banne dieses toten Schemas.

Die Logik ist Teil der Gesetzmäßigkeit der Natur; nicht Teil der Übernatur, die allein die Erde verwandeln könnte. Die Logik führt nicht über die Ebene der Maschine hinaus, die ihr sogar schneller, weittragender und zuverlässiger Genüge leistet als jedes menschliche Gehirn. Die Logik ist ja selbst Teil und Träger des Wesens der Instabilität und ihrer natürlichen Dynamik als Ursache der natürlichen Entwicklung; eben dieser Exponentialentwicklung, die aus erdgeschichtlichen Zeiten gekommen war, die die Menschheit emporgetragen hat und die nun mit der entgleitenden Technik dem Ende entgegenjagt.

Die Vernichtung droht einer sich selbst in ihrem Denken vergötternden und sich den Schemen unterwerfenden Menschheit; als Selbstverurteilung im Gegenüber zu einer furchtbaren, unausweichlichen Gerechtigkeit des lebendigen Gottes. Auf der sittlich-religiösen Ebene und nur auf dieser Ebene fällt die Entscheidung; und zwar bald. Sofort würde der Spuk verschwinden – wie ein böser Traum –, wenn die Menschen – entgegen all ihren Schlüssen und Überlegungen – bedingungslos dem Willen Gottes dienen wollten. Dann könnten sie unbesorgt – im Vertrauen auf die Macht Gottes – den Schritt zur Abrüstung wagen; einen Schritt, den die Gesetzmäßigkeit des Ablaufes nicht einmal in Hinsicht auf die sonst sichere Katastrophe zu tun erlaubt.

Ein paradiesisches Dasein würde sich dieser Menschheit öffnen, wenn sie nur ihrer wahren Berufung nachkommen wollte. Nicht Wunder und nicht Weisheit wären dazu notwendig, sondern nur Gehorsam und Hingabe. Die Worte des Apostels Paulus gelten ganz entsprechend auch für heute; mehr als für jede andere Zeit: »Die Juden fordern Wunderzeichen, die Griechen suchen Weisheit. Wir aber predigen Christus den Gekreuzigten: für die Juden ein Ärgernis, für die Heiden eine Torheit; für die aber, die berufen sind, ob Juden oder Heiden, Christus als Gottes Kraft und Gottes Weisheit. Denn Gottes ›Torheit‹ ist weiser als die Menschen, und Gottes ›Schwachheit‹ ist stärker als die Menschen« (1 Kor 1, 22–25).

Der Richter

Die Störanfälligkeit des Sicherheitsapparates ermöglicht jederzeit eine Auslösung vernichtender nuklearer Schläge, ohne daß irgend jemand dies will. Eine solche Auslösung der Katastrophe ist der verantwortlichen, sittlichen Entscheidung entzogen und der Kontrolle durch die Vernunft entglitten. Der Verlust der Kontrolle über das Nuklearwaffensystem ist von John F. Kennedy, dem Präsidenten der USA, vor der UNO am 25. September 1961 erschütternd ausgedrückt worden: »Heute muß jeder Bewohner unseres Planeten auf den Tag gefaßt sein, da dieser nicht mehr bewohnbar ist. Jeder Mann, jede Frau, jedes Kind lebt unter einem nuklearen Damoklesschwert, das am dünnsten aller Fäden hängt, der jeden Augenblick durch einen Zufall, eine Fehlkalkulation oder Wahnsinnstat zerschnitten werden kann.«

Die Weltkatastrophe ist unentwegt potentiell gegenwärtig. Zufall, Irrtum und Wahnsinn bedrohen die Menschheit unkontrolliert, unbeabsichtigt und unmotiviert. Anders ausgedrückt: Eine ganz gewisse Katastrophenwahrscheinlichkeit überschattet den gesamten Erdkreis, deren Größe von den jeweiligen Verhältnissen, vom Entwicklungsstand abhängt.

Daß wir die nächsten Monate in Frieden überdauern, ist sehr wahrscheinlich; daß wir die nächsten Jahrzehnte in Frieden überdauern, ist sehr unwahrscheinlich; vorausgesetzt, daß keine religiöse Umkehr die geistige Situation wandelt.

Die Entwicklung geht weiter und immer weiter. Die fortgesetzte Orientierung des Westens am östlichen Rüstungsstand und des Ostens am westlichen Rüstungsstand macht fortgesetzt gesteigerte Rüstung und erhöhte Rüstungsgeschwindigkeit notwendig – und gerade dadurch werden die Spielräume immer kleiner und kleiner. Die Schleife des vom Westen über den Osten und vom Osten über den Westen sich schließenden Abschreckungssystems umschlingt den gesamten Erdkreis. Sich selbsterregend schließt sich diese Schleife enger und immer enger um das Leben des gesamten Erdkreises in einer sich immer mehr übersteigernden Katastrophenwahrscheinlichkeit; bis sich einmal der übersteigerte potentielle Schrecken verwirklicht. Dieser merkwürdig-charakteristische, stabilitätsproblematische Wesenszug der »Ankunft jenes Tages« wird von Christus angekündigt: »Wie eine Schlinge wird er über alle kommen, die da wohnen auf dem ganzen Erdkreis« (Lk 21, 35).

Immer weiter steigt die Katastrophenwahrscheinlichkeit, wobei überdies die Kraft der Offensive stärker wächst als die der Defensive. Mit der sich steigernden Störanfälligkeit steigt – Hand in Hand – der Anreiz zur Nutzung des Überraschungsmoments. Immer mehr fühlen diejenigen sich angetrieben, die den Präventivkrieg befürworten und betreiben; immer mehr empfinden diejenigen ein Zurückbleiben, die ihn zu vermeiden trachten. Es spähen die Strategen über die Erde, den Augenblick zu erfassen, um einander über der todgeweihten Menschheit zuvorzukommen. Aufklärersatelliten umkreisen lautlos den Erdball; totschlagwitternde Vögel des Gerichts.

Vor unseren Augen liegen ganz konkrete, höchst eigenartige Umstände, wie sie noch nie in der Geschichte gegeben waren: In keiner Stunde ist der Ausbruch der Katastrophe sicher oder auch nur zu vermuten; aber in jeder Stunde ist er unsichtbar – wie im Dunkel der Nacht – als beständig-mögliches Geschehen gegenwärtig. Plötzlich leitet der Blitz des ersten Geschosses das Ende ein, das zu bereiten sich die Machthaber zusammenfinden. Darum sagt Christus vom Anbruch des Gerichts, von der Ankunft des Richters, »der kommt wie der Dieb in der Nacht«: »Darum haltet euch bereit, denn der Menschensohn kommt zu einer Stunde, da ihr es nicht vermutet« (Mt 24, 44). Und andermal sagt Er: »Wie der Blitz im Osten aufzuckt und bis Westen leuchtet, so wird es auch mit der Ankunft des Menschensohnes sein. Wo ein Aas ist, da sammeln sich die Geier« (Mt 24, 27–28).

Die These, daß die überdimensionale Vernichtungskraft der Waffen und der jeden Angreifer bedohende Gegenschlag den dauernden Frieden bringe und ausreichend Sicherheit gewähre, ist zu schön, um wahr zu sein, ist zu primitiv, um richtig zu sein. Jeder klammert sich an sie, doch niemand glaubt sie im Innersten. Die Katastrophe als beständig-mögliches Geschehen ist unsichtbar gegenwärtig, und von allen ist ihre Nähe instinktiv gefühlt. Eine qualvolle Unruhe und Daseinsangst versinkt in die tiefsten Schichten des Bewußtseins, in welchem sie das Lebensgefühl abwürgt.

Der Intellektuelle ist hiervon so wenig verschont wie der Nichtintellektuelle. Viele halten sich an die billigen Eintagsgenüsse eines überzogenen Lebensstandards; viele verbohren sich arbeitswütig in einen verengten Pflichtenkreis. Deshalb die Mahnung: »Habt acht, daß ihr eure Herzen nicht mit Schwelgerei und Trunkenheit und mit irdischen Sorgen beschwert, damit jener Tag nicht unversehens über euch kommt« (Lk 21, 34). Alle sind ziellos hungrig nach Frieden und Sicherheit auf der Flucht vor dem Ungewissen in das Nichtige. Darum sagt Christus von der Endzeit: »Die Menschen werden vergehen vor banger Erwartung der Dinge, die über den ganzen Erdkreis kommen werden« (Lk 21, 26).

Gott hat die Welt geschaffen; Sich gegenüber und doch Sich zum Dienste in einer überaus erstaunlichen Großartigkeit: Die Welt steht nicht still, wenn Gott ruht, sondern entwickelt sich natürlich in einem Rahmen, den wir »Gesetze« nennen. Zugleich aber ist die Welt Gott zu Willen, wenn Er sie anspricht; ohne ihr Wesen preiszugeben, erfüllen sich in ihr ohne Zögerung alle Seine Worte. Die »Gesetze« sind Ausdruck einer der Schöpfung wesenseigenen Selbständigkeit; die »Wunder« Ausdruck einer der Schöpfung ebenso wesenseigenen Hinrichtung auf den Allmächtigen. Über das wahrhaft bewunderungswürdige Phänomen der objektiven, quantenphysikalischen Unbestimmtheit des Mikrogeschehens finden sich in allen Dimensionen Gesetz und Wunder widerstandslos zusammen. Es vereinigen sich Freiheit und Gehorsam ohne gegenseitige Beeinträchtigung in einer Ordnung, wie sie nur der überweltliche Geist zu spenden vermag.

Eine Katastrophenwahrscheinlichkeit umgibt uns, die keinen Weg frei läßt, wenn das Geschehen nur sich selbst und dem Menschen überlassen abrollt. Doch ist es nur eine Wahrscheinlichkeit, keine Zwangsläufigkeit. Die Welt und die Geschichte sind hingerichtet auf die Berufung des Menschen, der in Einmaligkeit und Unersetzbarkeit Gott gegenübersteht. Gott nimmt Anteil an der Menschheit und an jedem einzelnen. Das Geschehen ist nicht der Macht seelenloser Wahrscheinlichkeit und maschinenhafter Zwangsläufigkeit ausgeliefert, wenn Gott nicht will, wenn Gott nicht das Geschehen sich selbst überläßt.

Aber Gott hat der Welt die Selbständigkeit und hat dem Menschen die Freiheit gegeben. Der Mensch kann Seinen Willen und Seine Gnade annehmen oder ablehnen. Die Katastrophe wird daher ausbleiben und aufgeschoben, wenn die Menschen Gott darum bitten, wenn sie Seinen Willen tun und Ihn anbeten; aber auch nur dann wird sie ausbleiben.

Aber nicht Gott beten die Menschen an, sondern sich selbst. Ihre Hoffnung und Zuversicht stützen sie auf ein Vertrauen in ihre Macht und in die Vernunft aller Beteiligten. Gekünstelten Gedankenkonstruktionen und technischen Apparaturen dient das menschliche Trachten und Schaffen in einem modernen Geister- und Götzenkult auf die nukleare Verwandlung der Elemente. Schon deren Erprobung ist fortgesetztes Töten; erst recht deren taktischer und strategischer Einsatz. Sie ist die Perfektion einer Zauberei, wie sie sich kein Hexenmeister und kein Alchimist je erträumen konnte. Sogar noch während des Tobens eines endzeitlichen Nuklearkriegs folgen die Menschen den Truggeistern ihrer Gedanken und suchen ihr Heil in den Bunt- und Leichtmetallen, in den Stählen und Kristalloden, in den anorganischen und organischen Kunststoffen der Technik: »Gleichwohl ließen die übrigen Menschen, die durch diese Plagen nicht umkamen, nicht von den Werken ihrer Hände ab, sondern dienten weiter den bösen Geistern und den Götzenbildern von Gold, Silber, Erz, Stein und Holz, die weder sehen noch hören noch gehen können. Sie bekehrten sich nicht von ihrem Morden, ihren Zaubereien, ihrer Unzucht und ihrem Stehlen« (Apk 9, 20).

Am Tage des Gerichts wird es sein wie in den Tagen Noes oder Lots bei der Zerstörung Sodomas (möglicherweise durch Vulkanismus; vielleicht aber auch durch einen Meteoriten oder Planetoiden): »Man aß und trank, man kaufte und verkaufte, man pflanzte und baute. An dem Tage aber, da Lot aus Sodoma wegging, regnete es Feuer und Schwefel vom Himmel und vertilgte alle« (Lk 17, 29). Gott wollte diese Stadt schonen, wenn auch nur zehn Gerechte in ihr zu finden gewesen wären. Gott würde gewiß das Ende bis in ferne Zeiten aufschieben, wenn auch nur ein angemessener Teil der Menschen wirklich Sein Wohlgefallen finden könnte. »Ehre sei Gott in der Höhe und Frieden auf Erden unter den Menschen Seines Wohlgefallens« (Lk 2, 14). Aber wer garantiert den Frieden für die Völker der Erde, die Gott leugnen und Seine Diener bekriegen oder die Gottes Namen lästerlich mißbrauchen und Seine Lehre ihrem verderbenbereitenden Treiben dienen lassen. Wenigstens diejenigen, die die Lehre Christi predigen, sollten sich in ihrem Handeln und Denken rein halten und auf Gottes Allmacht vertrauen statt auf irdische Gewalt.

Das Walten religiöser Kräfte könnte Frieden und Sicherheit gewährleisten. Aber wo walten solche? Auf der einen Seite sind diese Kräfte unterdrückt und ausgeschaltet durch die Gewalt des sich selbst vergötternden theoretischen Materialismus; auf der anderen Seite sind diese Kräfte in der hemmungslosen Lust und Sucht des praktischen Materialismus erstickt und in politischer Zweckentfremdung schamlos mißbraucht.

Im Osten steht eine hochdisziplinierte, festgefügte Gesellschaft. Alle Kräfte sind gewaltig zusammengefaßt auf das eine Ziel: die Beherrschung der Erde. Eine solche Gesellschaft wäre auch zur Weltherrschaft berufen, wenn sie dem Heiligen Gott die Ehre geben würde. Aber sie leugnet Schöpfer, Schöpfung und Erlösung. Alles Seiende wird als Materie angesprochen, die sich aus sich selbst – bis zum Menschen mit seinem Leib, seiner Seele und seinem Geist – entwickelt habe: »Die Materie kommt zu sich selbst« (Chruschtschow). Wer an Gott und Seine Offenbarung glaubt, ist ein Staatsfeind; ein »Feind des Volkes«. Der Staat ist der Gott, die Ideologie die Religion, der Kommissar die Seele. »Den Himmel überlassen wir den Engeln und den Spatzen« (Marx).

Keine Kriminal- und Sexualdarbietungen schmeicheln dem Instinkt der Massen. Aber alles dient nur zum Nutzen des Staates, der Ideologie und der Partei. Was Recht und Zucht ist, bestimmt der Staat. Was Sitte und Moral ist, bestimmt die Ideologie, deren pseudomessianische Kraft die Massen berauscht. Das Fühlen und Empfinden steuert die Partei mit allen Mitteln der modernen Psychologie.

Alles Unbequeme wird ausgeschaltet, und alle hierzu dienenden Mittel sind recht, denn »Recht« ist, was dem Staat nützt. Unrecht hat es zwar immer gegeben, aber das größte Unrecht ist solches, das im Namen des Rechts geschieht. Wie kann es je Gerechtigkeit noch geben, wenn das »Recht« selbst dem Unrecht dient. In Schauprozessen beschuldigen und verurteilen sich die Verfolgten selbst; in einer schauerlichen Perversion der christlichen Buße. Teils ideologische Seelentaktik, teils Folter und Drogen bereiten diese Perfektion der Rechtlosigkeit, die das Gericht des Allmächtigen herausfordert.

Die Familie, als Zelle selbständigen Denkens, wird fortschreitend zerschlagen. Das seelenlose Wollen der Partei und die ideologische Verführung zerstören die Bande des Blutes: »Der Bruder wird seinen Bruder, der Vater seinen Sohn dem Tod überliefern. Kinder werden sich gegen ihre Eltern auflehnen und sie in den Tod bringen« (Mk 13, 12).

Dies ist der Tod des wahren Geistes in der dämonischen Kraft des Ungeistes.

Im Westen, in der freien Welt, ist jeder frei, Handel und Wandel zu treiben und zu glauben, wie er will. So tut auch jeder, was er will. Nicht der Geist entscheidet, sondern die Masse. Die Regierungen folgen nicht den Geboten des Geistes, sondern dem Verlangen der Massen. Die geistige Orientierung geht verloren, und die Menschen sind den Demagogen ausgeliefert, die leicht versprechen und billig den Lüsten und Süchten schmeicheln.

Das Sinnen und Trachten einer großen Industrie dient rein materieller Hoffart, der »Hebung des Lebensstandards«. Niemand weiß mehr, was er will vor lauter Gier. Die dunkelsten Winkel des Seelenlebens werden von einer verantwortungslosen Werbung durchstöbert und angesprochen. Allein schon der Konsum aus der Bandproduktion schafft eine wesenlose Gesellschaft, in der »man hat«, in der »man tut«, in der »man denkt«; eine eigenartige Diktatur der Freiheit.

Aus der Öde der Konsumsklaverei erwächst ein sensationslüsternes Massenwesen, in welchem Brutalität und Sentimentalität unmerklich zusammenfließen. Film und Presse nutzen hemmungslos die niedersten Instinkte. Kriminellen und sexuellen Leitbildern und Idolen ist die Jugend schutzlos preisgegeben.

Neben den »Atombomben« gibt es noch die »Sexbomben«. Das Sexualmotiv ist der Zauberstrick der Reklame, der zum äußersten gespannt wird. Die Sexualität wird immer mehr zum Inhalt der

Ehe: Im Aufflammen fügt sie sich zusammen, im Erlöschen fällt sie wieder auseinander. Der Mann weist Verantwortung und Leitung der Familie von sich — und wird gezwungen, sie abzugeben. Die Frau fordert Selbständigkeit und öffentliche Geltung — und wird gezwungen, sie anzunehmen; Frauen der Endzeit, »die stets lernbegierig sind und doch nie zur Erkenntnis der Wahrheit gelangen können« (2 Tim 3, 7). Die opfervolle Liebe der Eltern, die schuldige Ehrfurcht der Kinder und die natürliche Ordnung — alles geht unter in der modernen Genuß- und Geschlechts-GmbH der herankommenden Zeit.

Dies ist der Tod des Geistes in der Schwäche des Fettsüchtigen.

Im Westen gähnt ein Vakuum, das die Spannkraft des Ostens geradezu herausfordert. Diese Welt hat freilich die nuklearen Waffen nötig, um die Dämme zu halten, solange dies eben noch möglich ist. Ein Kadaver bedeckt die ganze Erde, und die Mächtigen streichen zähnezeigend umeinander; wahrlich ein Aas, über dem sich die Geier sammeln (der Adler, der König der Lüfte, schlägt kein Aas, sowenig als der lebendige Gott über Verendeten niederkommt).

Nicht der Gesunde, sondern der Krebskranke ruft nach dem Messer des Chirurgen, sein Leben zu retten oder auch nur zu verlängern. Nicht das Christentum bedarf der nuklearen Waffen, sondern diejenigen bedürfen solcher, die ihre Pfründe in der Annehmlichkeit einer verkommenden Welt erhalten wollen.

Das Reich Christi ist ein geistiges Reich; kein weltliches, das mit technischen Waffen verteidigt werden könnte. Christus selbst sagt von uns Christen: »Der Knecht ist nicht besser als sein Herr.« Aber von Sich selbst und Seinem Reich sagt Er vor Seinem Opfertod: »Mein Reich ist nicht von dieser Welt. Wäre mein Reich von dieser Welt, so hätten meine Diener gekämpft, daß ich den Juden nicht ausgeliefert würde. Aber mein Reich ist nicht von hier« (Jo 18, 36).

Christus hat ohne Gegenwehr den Opfertod auf sich genommen; nach dem Willen des Vaters: »Stecke dein Schwert in die Scheide. Soll ich den Kelch nicht trinken, den mir mein Vater gereicht hat?« (Jo 18, 11). Bei Seiner Festnahme hat Christus Petrus

— dem Er die Schlüssel des Himmels gegeben hat — geboten, das Schwert in die Scheide zu stecken, mit der Ankündigung: »Alle, die zum Schwert greifen, kommen durch das Schwert um« (Mt 26, 52).

Sollen wir diese Ankündigung auf uns und die ganze Erde herabziehen, indem wir zu Waffen greifen, die das Ende zu bereiten vermögen? Würden wir nur wirklich auf Gott vertrauen und dem Martyrium in die Augen sehen, würde sich die Katastrophe gar nicht über unseren Häuptern zusammenziehen. Kein Staat, dessen Macht auf eine antichristliche Ideologie gegründet ist, würde ein wahrhaft christliches Volk militärisch je zu unterwerfen trachten. Sehr bald würden die Grundlagen dieses Staates wanken und seine Ideologie der geistigen Kraft eines opferbereiten Christentums der unterworfenen und aufgenommenen Bevölkerung erliegen.

Wenn die freien Völker — allen Nuklearwaffen in der Faust des Feindes zum Trotz — statt ihrer Macht Gott anbeten wollten und bedingungslos Seinen Geboten zu folgen bereit wären, würde das Ende in weite Ferne rücken. Keine Stunde ist zu spät, Gott anzurufen und das Unheil abzuwenden. Sonst vollzieht sich das Gericht durch die zornverblendeten Völker, die der Erde das Verderben bereiten.

Über die Häupter derer hinweg, die sich selbst den Untergang bereiten, übernimmt Gott die Macht. Als allgewaltiger Richter und Herrscher, der die Welt so geschaffen hat, daß alles Böse sich in sich selbst zugrunde richtet, übernimmt Er die Macht, die Ihm doch von Anfang an zu eigen war. Während des Abrollens des Endzeitgeschehens verehren die Patriarchen der Schöpfung den ewigen Gott, dessen unbegrenzte Macht im Gericht offenbar wird: »Herr, Allmächtiger Gott, der Du warst, der Du bist und der Du sein wirst, wir danken Dir, daß Du Deine gewaltige Macht und die Herrschaft übernommen hast. Die Völker zürnten. Aber da kam Dein Zorn und die Zeit, über die Toten Gericht zu halten und Deine Knechte zu belohnen: die Propheten, die Heiligen und die Deinen Namen fürchten, klein und groß — und zu verderben die die Erde verderben« (Apk 11, 17—18).

Christus hat mit unvergleichlicher Treffsicherheit und mit allzeit verständlichen Worten das innerste Wesen der herankommenden Endzeit dargestellt. Doch fast widersprüchlich erscheinen Seine Darstellungen, die sich im Rahmen der absonderlichen, heute gegebenen Situation als besonders kennzeichnend erweisen: Das Ende zieht sich über dem gesamten Erdkreis gleitend wie eine Schlinge zusammen (Lk 21, 35) – und bricht doch unvermittelt wie ein im Osten aufleuchtender Blitz herein (Mt 24, 27). Die Menschen vergehen vor banger Erwartung kommender Ereignisse (Lk 21, 26) – und doch bricht die Katastrophe in einer Stunde herein, in der man sie nicht erwartet (Mt 24, 44). Der Richter kommt in Herrlichkeit (Mt 24, 30) – und doch sammeln sich die Geier über dem Aas (Mt 24, 28).

Während Christus in seinen Parusiereden das Wesen kennzeichnet, zeigt die Apokalypse den konkreten Ereignisablauf.

Die entscheidenden Einzelheiten eines nuklearen Großkrieges sind eindeutig dargestellt. Es fehlt einerseits keine der maßgeblichen Waffen, die in der Taktik und Strategie eingeplant sind. Andererseits sind keine Phänomene angegeben, die etwa in einem Krieg nicht oder noch nicht zu erwarten wären. Alle Waffen sind überdies – bis in die speziellsten Besonderheiten – in ihren spezifischen Funktionen, Erscheinungen und Auswirkungen dargestellt.

Die Apokalypse enthält – wenigstens was die die Endzeit einleitenden Aktionen anbelangt – keinerlei Symbolik. Sie ist vielmehr eine überaus nüchterne und kurzgefaßte Erlebnisbeschreibung. Es genügt daher die einfache Gegenüberstellung der Ereignisse, die sich aus den derzeitigen Vorbereitungen im »Ernstfalle« zwangsläufig ergeben, zu den Bildern der Apokalypse.

Die Beobachtung technischer Vorgänge ist in einfachsten, untechnischen und doch treffenden Worten niedergelegt. Nur einem sehr scharfen Beobachter, der aber einer gänzlich untechnischen Zeit (vor zweitausend Jahren) angehört, ist dies in so meisterhafter und zugleich unbefangener Weise möglich. Auffallend ist dabei, daß in der Apokalypse das Gesamtgeschehen vielfach in typischen Einzelvorgängen gesehen wird. Tatsächlich würden solche einzeln gesehene Ereignisse an vielen verschiedenen Stellen der gesamten Welt geschehen. Dies zeigt, daß die Beobachtung des gesamten Weltgeschehens jeweils von ganz konkreten Stellen aus erfolgt; wie eben ein ortsgebundener menschlicher Beobachter diese Ereignisse einmal von der einen und dann wieder von einer anderen passenden Stelle aus beobachten würde. Dennoch sind – erstaunlicherweise – der Gesamtumfang und die weltweiten Auswirkungen quantitativ richtig erfaßt.

Mit sechs Posaunenstößen von sechs Engeln – alles im Rahmen des siebten Siegels – rollt zu Beginn (Apk 8 und Apk 9) ein Nuklearkrieg ab, der die Endzeit einleitet. Die Ereignisse der ersten vier Posaunenstöße erfolgen auf der Erde ganz unvermittelt; ohne Vorankündigung:

»Der erste Engel stieß in die Posaune. Da kam Hagel und Feuer mit Blut vermischt und ward auf die Erde geschleudert. Der dritte Teil der Erde verbrannte, ein Drittel der Bäume verbrannte und alles grüne Gras verbrannte« (Apk 8, 7).

Es wird von einem Bombardement bzw Beschuß gesprochen, bei welchem Feuer von oben gegen die Erde geschleudert wird. Dieses Feuer enthält in sich besondere Stoffe, die mit dem Blut in engerer Beziehung stehen: Um einen vergrößerten Aktionsradius zu erzielen, werden nukleare Explosivkörper in Höhen von ca 400 Metern (A-Waffen) bzw von ca 4000 Meter (H-Waffen) detoniert. Buchstäblich wird dabei Feuer in Gestalt von Licht-, Röntgen- und Gammaquanten auf die Erde geschleudert. Diese unmittelbare Hitzestrahlung, die auf der Erde die Gesteine verdampft und die Organismen vergast, ist die primäre Auswirkung der Detonation; der Luftdruck wird hierdurch erst sekundär ausgelöst. Unmittelbar mit der Detonation entstehen in der Glutwolke die radioaktiven Spalt- und Anlagerungskerne (Radioisotope), die vor allem über das Blut als Giftstoffe wirken. Über die Nahrung und die Schleimhäute gelangen sie in das Blut, aus dem sie vom Knochengerüst und verschiedenen Organen zum Teil hochselektiv – wie die natürlichen, stabilen Isotope gleicher Ordnungszahl –

absorbiert werden; Zellausfälle mit Blutzersetzung und Krebswucherungen sind die hauptsächlichen Folgen.

Diese strahlenden Radioisotope verbreiten sich in der Atmosphäre und den Gewässern über die ganze Erde. Nach und nach werden sie abgeregnet, wobei sie sich in den obersten zehn Zentimetern des Bodens gegen natürliche, stabile Atome austauschen. Von da werden sie von den lebenden (grünen) Pflanzen über deren Stoffwechsel aufgenommen; weit mehr vom Gras, dessen Wurzeln sich gerade in dieser Tiefe von etwa zehn Zentimetern ausbreiten, als von den tiefer wurzelnden Bäumen. Das Gras ist damit weit mehr der auf der ganzen Erde einsetzenden inneren Verbrennung durch aufgenommene Radioisotope ausgesetzt als Baumlaub. Ohne diesen spezifischen Austauscheffekt müßte man gerade das Gegenteil erwarten, da die Bäume weiter in den primär betroffenen Luftraum ragen und überdies nicht so zählebig sind wie Gras. Deshalb wird dieser Umstand eigens betont. Dieses merkwürdige Phänomen ist dem Strahlenschutzphysiker wohl bekannt und wird sorgfältig auf seine vielseitigen Folgen (Milchwirtschaft!) untersucht.

»Der zweite Engel stieß in die Posaune. Da wurde etwas wie ein großer, feuerglühender Berg ins Meer geschleudert. Ein Drittel des Meeres ward zu Blut, ein Drittel der im Meere lebenden Geschöpfe starb dahin und ein Drittel der Schiffe ging zugrunde« (Apk 8, 8–9).

Eine Wasserstoffbombe vermag mit ihrem Energieinhalt von ca 10^{16} cal eine Wassermasse von 10 000 000 Kubikmetern (eines beträchtlichen Sees!) zu verdampfen. Wasserstoffbomben, die zur Bekämpfung von Flotteneinheiten ins Meer geworfen werden, erzeugen deshalb eine feuerglühende, schwach konische Dampfhalbkugel. Mit ihrer Gestalt, ihrem Durchmesser und ihrer Höhe von einigen Kilometern und ihrer Megatonnenmasse kommt sie einem großen Berge gleich.

Die Radioisotope aus den Detonationsreaktionen und der anschließenden Neutronen-Absorption gelangen hierbei großenteils in das Meer. Mit ihrer Affinität zum Blute bewirken sie ein Massensterben aller Arten von Meerestieren. Eine hochbrisante Stoßwelle im Wasser bohrt die Schiffe in weitem Umkreis in den Grund. Die Untersuchung dieser biologischen Gefahrenquellen (Hochseefischerei!) und dieser mechanischen Zerstörung von Schiffen (Seekriegsplanung!) war das Hauptprogramm verschiedener Nuklearbombenexperimente.

»Der dritte Engel stieß in die Posaune. Da fiel vom Himmel ein großer Stern, der wie eine Fackel brannte. Er fiel auf den dritten Teil der Flüsse und auf die Wasserquellen. Der Stern heißt ›Wermut‹. Da ward ein Drittel der Gewässer zu Wermut und viele Menschen starben von dem Wasser, weil es bitter geworden war« (Apk 8, 10–11).

Interkontinentale Raketengeschosse weisen bereits die erste kosmische Geschwindigkeit von ca 8 km/sec auf. Sie gehören damit bereits einer Gattung von Gestirnen an, die man als »Trabanten« oder »Satelliten« bezeichnet. Die Geschosse werden hierbei nur auf eine Bahn höherer Exzentrizität als die der dauerkreisenden Satelliten gebracht, so daß sie am Ziel wieder in die Erdatmosphäre eintauchen.

Die Erdbahn kreuzende Planetoiden und Meteoriten sind zu selten und verglühen allermeist schon in der Erdatmosphäre. Die Planeten laufen ihre eigenen, vorgeschriebenen, erdfernen Bahnen, und die Fixsterne sind wenigstens einige Lichtjahre (10^{13} km) entfernt. Bis vor kurzem, als der Mond noch der einzige bekannte Erdtrabant war, schien daher ein Herabfallen von Sternen als geradezu unsinnig. Heute bilden die interkontinentalen Geschosse – als künstliche Gestirne – das Rückgrat der Kriegstechnik.

Beim Wiedereintauchen des Geschosses in die Atmosphäre geht die Bewegungsenergie in Bremswärme über (bei 8 km/sec Geschoßgeschwindigkeit sind dies pro Gramm Geschoßmasse 7650 cal). Diese Wärmemenge würde ausreichen, das Geschoß vollständig zu verdampfen. Der Niedergang eines tonnenschweren künstlichen Satelliten läßt eindrucksvoll einen großen, weißglühenden Stern mit leuchtenden Dämpfen erscheinen.

Ein Hauptproblem der Kriegstechnik besteht nun darin, die an der Geschoßoberfläche entstehende Bremswärme vom Inneren abzuhalten, so daß der eigentliche Waffenträger sich unzerstört bis auf wenige Kilometer der Erdoberfläche nähern kann. Seit 1959 ist dieses Problem so gelöst, daß das Geschoß mit einem Kunstharzmantel umgeben wird, in welchen zur Verzögerung der Abbrenngeschwindigkeit hochschmelzende Bestandteile wie etwa Quarz eingelassen sind. Die Maximaltemperatur im Inneren wird damit durch die Zersetzungstemperatur des Kunstharzes begrenzt. Schon bei wenigen hundert Grad raucht und brennt dieser Harzmantel im Niedergehen des Geschosses wie eine Fackel ab.

Nicht nur die Explosivwirkungen, sondern vor allem auch die Giftwirkungen nuklearer Waffen werden für die Kriegstechnik herangezogen. Es werden Giftbomben mit nuklearen Reaktionen über dem Zielgebiet entwickelt, die in erhöhtem Maß Neutronen und Radioisotope ausschütten. Es gibt sogar nukleare Giftbomben ganz ohne Explosivwirkung, die gewisse, aus den Reaktorabfällen abgesonderte Radioisotope über dem Zielgebiet abrauchen. Das Fehlen der hochsteigenden Detonationswolken vermeidet eine Verbreitung der Radioverseuchung bis in das Land des Angreifers selbst. Durch solche Giftbomben werden ganze Landstriche tödlich radioverseucht; insbesondere dadurch, daß diese Radiogifte mit den Niederschlägen in die freien Gewässer gelangen.

»Der vierte Engel stieß in die Posaune. Da wurde ein Drittel der Sonne, ein Drittel des Mondes und ein Drittel der Sterne geschlagen, daß sie zu einem Drittel finster wurden und der Tag und ebenso die Nacht zu einem Drittel nicht mehr hell war« (Apk 8, 12).

Nukleare Detonationen in der Luft über dem Erdboden – und das ist das Hauptanwendungsgebiet nuklearer Explosivwaffen – fördern gewaltige Gesteinsmassen in die Atmosphäre. Die Energie jeder A-Bombe der Kilotonnenklasse würde ausreichen, etwa tausend Tonnen Gestein zu verdampfen; jede H-Bombe der Megatonnenklasse etwa Millionen Tonnen. Der Hauptanteil der Detonationswärme verteilt sich dabei zwar, ohne eine unmittelbare Gesteinsverdampfung zu bewirken. Aber die ungeheure mechanische Gewalt, die durch die thermische Detonationswirkung ausgelöst wird, führt zu einer Verstaubung noch sehr viel größerer Gesteinsmassen. Durch den Staubsog der hochstrebenden Glutwolken wird dieser Staub in viele Kilometer Höhen, zum Teil – unter Durchstoßung der Tropopause – bis in die Stratosphäre verbracht, wo er sich über alle Kontinente verteilt. Der Staubauswurf beim Ausbruch des Krakatau (Sundastraße, 1883) hatte noch jahrelang bis nach Europa eigenartige Sonnenfärbungen und Verschleierungen zur Folge. Ebenso – nur in noch viel größerem Umfang – bewirkt die Staubhebung eines nuklearen Großkrieges eine bedeutende Verringerung der Lichteinstrahlung von Sonne, Mond und Sternen.

Es ist zwar schwer abzuschätzen, wie stark quantitativ die Trübung des Sonnen- und Mondlichtes sein wird. Aber man kann mit Sicherheit sagen, daß bei Einsatz aller derzeit gelagerten A- und H-Bomben (einige zehntausend) eine sehr viel stärkere Verfinsterung als 30 Prozent eintreten würde. Die in großer Höhe ziehenden Staubschwaden lassen speziell (Tyndall-Effekt) eine Art von Verdüsterung und Verfärbung erwarten, wie es heißt: »Die Sonne wird schwarz wie ein härenes Trauergewand; der ganze Mond rot wie Blut« (Apk 6, 12).

Wenn jemand in den Mengen-, Orts- und Zeitangaben der Apokalypse (wie hier »ein Drittel«) oder in den gebrauchten Bildern nur Symbole erkennen will, so kann dem nicht widersprochen werden. Erstaunlich ist aber, daß diesen Angaben auch qualitative und quantitative Realbedeutung zukommt. Wie uhrwerkartig diese Angaben ineinandergreifen, wie sie sich immer wieder in sich schließen und wie sie das unmittelbare Sehen und Erleben sowohl der intelligentesten wie der einfachsten Menschen ansprechen, ergibt sich hier im Vergleich mit einer anderen Stelle, die nochmals auf diese Ereignisse zurückgreift: »Der feurige Drache zog mit seinem Schweif den dritten Teil der Sterne am Himmel und warf sie auf die Erde« (Apk 12, 4): Der feurige Drache ist zwar von der Apokalypse selbst als der Teufel kommentiert (Apk 12, 9). Zugleich aber werden – streng physikalisch – die Raketengeschosse durch den Rückstoß der als Feuerschweif abgestoßenen Verbrennungssubstanz veranlaßt, ihre Bahn am Himmel zu ziehen. Sind die interkontinentalen Raketengeschosse in ihre ballistische Bahn eingetreten, bei der sie bis zu vielen hundert Kilometern Scheitelhöhe (also weit über der Stratosphäre) erreichen, so strahlen sie zwar kein Eigenlicht ab. Aber bei ihrer großen Höhe treten sie dabei am dunklen Spätabend- oder Frühmorgenhimmel aus dem Erdschatten heraus und werden vom Sonnenlicht getroffen, das sie reflektieren wie Planeten. Auf der dunklen Erde kann man sie so mit freiem Auge – je nach Bahnhöhe – etwa ein bis mehrere Minuten als Sterne der normalen Sternhelligkeit von 2. bis 5. Größe dahinziehen sehen; ein mächtiger Anblick, vor allem, wenn sie sich mit Erreichen des Erdschattens plötzlich kupferrot verdunkeln und verschwinden. Erst beim Eintauchen in die Atmosphäre, wenn die Oberfläche weißglühend abzudampfen und abzufackeln beginnt, erscheint ein etwa vollmondhelles Eigenleuchten; eben gemäß dem »großen Stern«, wie er bei der dritten Posaune beschrieben ist. Die Zahl der mit freiem Auge am Himmel sichtbaren Fixsterne ist etwa 5000. Die Zahl der am Himmel ziehenden und am Ziel niederstoßenden Satellitengeschosse wäre entsprechend einem Drittel davon etwa 1000 bis 2000; gerade die Zahl der eingeplanten Interkontinentalraketen. Werden von diesen nukleare Detonationen verursacht, so verringert deren Staubsog die Durchsichtigkeit der Atmosphäre, so daß man weniger Sterne am Himmel erblickt. Der unmittelbare Eindruck würde dabei – ganz grob – etwa die gleiche Zahl an Sternen gleicher Helligkeit am Himmel vermissen lassen, wie vorher als bewegte Satelliten zu sehen waren. Von allen Seiten betrachtet und für alle Intelligenzstufen der Betrachter gleichwohl rundet sich somit das Bild immer wieder.

Zwischen dem 4. und 5. Posaunenstoß ist in der Offenbarung ein Absatz. Während die ersten vier Posaunenstöße für die Menschen unangekündigt über die Erde hereinbrechen, kündigen sich nun die weiteren Posaunenstöße den Menschen an:

»Dann schaute ich hin. Und ich hörte einen Adler, der hoch am Himmel dahinflog, mit lauter Stimme rufen: »Wehe, wehe,

wehe den Bewohnern der Erde wegen der übrigen Posaunenstöße der drei Engel, die noch in die Posaune stoßen sollen« (Apk 8, 13).

Dieser unauffällig erscheinenden Zwischenschiebung kommt eine überaus charakteristische Bedeutung zu: Die ersten vier Posaunenstöße zeigen durchweg Vorgänge, die dem überraschenden nuklearen Schlag mit Fernwaffen zugehören samt deren unmittelbaren Auswirkungen. Dagegen die folgenden Posaunenstöße bezeichnen anhaltende Kampfhandlungen der Luftwaffe und des Heeres.

Ganz bezeichnend für die gegebene Situation sprechen die Parusiereden Christi und die Apokalypse immer wieder von »Tag« und »Stunde« (etwa Mt 24, 36); nicht von Jahrhunderten, Jahrzehnten, Jahren oder Monaten. Wenn die Zeit reif ist, wenn sich die Geier gesammelt haben, wenn die Katastrophe in der Luft vibriert, dann — folgt immer noch ein gewöhnlicher Alltag nach dem anderen. Aber dann an einem Tag wie jedem anderen, an welchem man aß und trank, kaufte und verkaufte, pflanzte und baute (Lk 17,28), stürzt alle Hoffnung zusammen. Ein Dasein in Frieden und ein Dasein vor einer phantomhaften, ungewissen Enderwartung wandelt sich unvermittelt in die Gegenwart der Katastrophe. In der Möglichkeit nahe und täglich zu erwarten, aber dennoch als Wirklichkeit ferne und gänzlich unerwartet bricht das Gericht in einen satt und träge dahintreibenden Alltagsstrom. Innerhalb einer Stunde vollzieht sich ein jäher Wandel zu einem Dasein der Bedrängnis, »wie es seit Anbeginn der Welt bis jetzt keine gegeben hat noch je geben wird« (Mt 24, 21).

Hat sich in der Auslösung der technisch-nuklearen Apparatur dieser schockartige Wandel vollzogen, so folgen zwangsläufig die eigentlichen militärischen Operationen der Streitkräfte. Diese kündigen sich gleichsam von selbst als Folge des nuklearen Schlages an. Die in großer Höhe (20 km) dahinziehenden Aufklärungsflugzeuge (»Adler«) geben Kunde von den Vorbereitungen solcher Operationen. Sie kündigen schon voraus an, welche Schlagkraft und welche Bedrängnisse hiervon im »Ernstfalle« zu erwarten wären. Erst im Frühjahr des Jahres 1960 ist die Welt auf die Bedeutung solcher Aufklärungsflüge (US-Fernaufklärer U-2 über

Swerdlowsk am 1. Mai 1960) hingewiesen und mit der nahen Wirklichkeit des Endgeschehens konfrontiert worden.

Luft- und Landoperationen

Die nach Auslösung des nuklearen Schlages einsetzenden Kampfhandlungen werden taktisch durch Flugzeug und Panzer bestimmt.

Die strategischen Bomber werden zwar immer mehr von den Raketen abgelöst; sofern sie nicht indirekt als Raketenträger dienen: Eine Abwehr angreifender Raketen ist praktisch unmöglich. Sogar für eine fernere Zukunft erwarten nicht einmal die professionellen Optimisten, daß man einen größeren Teil angreifender Raketen vor Erreichen des Ziels abschießen können wird. Die Antiraketen-Rakete ist mehr Stoff für die politischen Erzieher als Trost für die Hoffenden. Die Rakete gehört wesensgemäß einem Stande höherer technischer Entwicklungsmöglichkeiten an als das Flugzeug, das seinen prinzipiell erreichbaren Entwicklungsstand schon sehr weitgehend erreicht hat. Die Rakete gehört den kosmischen Räumen, Geschwindigkeiten und Manövrierfähigkeiten an; das Flugzeug nur den atmosphärischen. Auch die Überschall-Staustrahlbomber werden mit Roboter-Raketen immer besser abwehrbar. Da eben die mediumunabhängige Rakete die steuertechnischen Fortentwicklungen besser auszunutzen vermag, entwickelt sich im Falle des überholten strategischen Flugzeugeinsatzes die Abwehrmöglichkeit rascher als die Angriffsmöglichkeit.

Ganz anders ist dies im taktischen Einsatz, in der Waffentechnik des unmittelbaren Fronteinsatzes und der unmittelbaren Kampfhandlungen. Die großräumig angelegte Fliegerabwehr ist weitgehend wirkungslos gegen die im Frontabschnitt überraschend auftauchenden und dicht über dem Boden dahinjagenden Zerstörerflugzeuge. Im reinen Erdkampf ist die Anwendung der panzerbrechenden Hohlladungswaffen gegen Panzer durch ausschwärmende eigene Infanterie weitgehend ausgeschaltet. Das Bild des modernen taktischen Krieges ist geprägt durch den Masseneinsatz von tieffliegenden Bodenkampfflugzeugen, die mit Bordwaffen die Truppe panikerregend angreifen und von Panzern, die mit starker Infanteriebedeckung die Länder todbringend überrollen.

Diese moderne Taktik des Einsatzes von Zerstörergeschwadern und Panzerverbänden kündigt die Apokalypse mit der fünften und sechsten Posaune an. Ihre quantitativen Angaben bezeichnen hierbei einen Rüstungsstand, wie er vor 1960 noch nicht entfernt erreicht war. Die derzeitigen Rüstungsanstrengungen werden diesen Stand jedoch schon in Kürze erreichen lassen — und die kommenden Jahre werden im Zeichen dieses Standes stehen. Ob und wann infolge der ferneren Weiterentwicklung solche Rüstung und diese sich daraus ergebende Taktik durch neue, nicht mehr offenbarungsgemäße Verhältnisse überholt und abgelöst werden würden, dürfte derzeit kaum voraussagbar sein.

Wie dies aber auch immer sein mag: In jedem Falle wäre es ganz abwegig, daraus folgern zu wollen, daß durch die Apokalypse ein Krieg für die nächsten Jahre fixiert sei. Nicht eine technische Entwicklung, sondern Gott ist Herr über Sein und Nichtsein. Wenn Gott und Seine Macht anerkannt wird und wenn Seine Gebote bedingungslos befolgt werden, geht die Katastrophe ungeschehen an uns vorüber. Eine wirkliche Abrüstung würde dann möglich werden, die diese speziellen offenbarungsgemäßen Verhältnisse von uns nehmen würde.

Es gibt für uns keine Zwangsläufigkeit, die eine bestimmte Zeit für das angekündigte Geschehen unabhängig von unserem Verhalten festlegt. Und »niemand im Himmel und auf Erden« außer Gott selbst weiß, wann die Geschehen wirklich über uns hereinbrechen werden, von denen die Apokalypse spricht:

»Der fünfte Engel stieß in die Posaune. Da sah ich einen Stern, der vom Himmel auf die Erde gefallen war. Ihm wurde der Schlüssel zum Schacht des Abgrundes gegeben. Er öffnete den Schacht des Abgrundes. Da stieg aus dem Schacht Rauch auf, wie Rauch aus einem gewaltigen Ofen, und Sonne und Luft wurden von dem Rauche aus dem Schacht verfinstert. Aus dem Rauche kamen Heuschrecken über die Erde. Denen wurde die Macht gegeben, wie sie die Skorpione der Erde haben. Nur hatten sie den Befehl, sie sollten das Gras der Erde, das Grün und die Bäume nicht schädigen, sondern nur die Menschen, die nicht das Siegel Gottes auf der Stirne hätten. Doch durften sie diese nicht töten, sondern sie fünf Monate lang peinigen. Ihr Biß schmerzt wie der Biß eines Skorpions, wenn er einen Menschen sticht. In jenen Tagen werden die Menschen den Tod suchen, ihn aber nicht finden; sie werden zu sterben verlangen, aber der Tod zieht sich vor ihnen zurück ...« (Apk 9, 1–6).

Die ungeheuren Raketen-Schußgeschwindigkeiten von ca 8 km/sec zwingen im Rahmen der »Konzeption der Abschreckung« zu einer Automatisierung des Gegenschlages. Die wenigen Minuten, die interkontinentale Geschosse vor ihrem Einschlag über dem Polarmeer oder Atlantik bestenfalls festgestellt werden können, reichen in keinem Falle zu einer strategischen Planung und Befehlsausgabe. Die Möglichkeit, von dauernd erdumkreisenden und das Feindland periodisch überfliegenden Basissatelliten die angreifenden Raketen zu starten, läßt die Warnzeit praktisch überhaupt verschwinden. Die Konzeption der Abschreckung fordert, daß der Einfall eines feindlichen nuklearen Geschosses selbständig den nuklearen Gegenschlag auslöst. Hierbei ist es im Effekt gleich, ob diese Auslösung rein technisch, unter Ausschluß jeglichen menschlichen Zutuns erfolgt, oder ob diese nur ein Warnsystem ansprechen läßt, das die Kommandeure der einzelnen Basen zu einem vorinstruierten Handeln veranlaßt; dieses subalterne menschliche Handeln ist im Rahmen der Militärmaschine nur eine andere Art der Automatisation.

Die Forderung nach einer durch einen Überraschungsangriff nicht ausschaltbaren Abschreckungsmacht führt zur Verlegung der Raketenabschußbasen und Startbahnen der taktischen Luftflotten in unterirdische Schachtanlagen.

Mehrere hundert unterirdische, durch schwere Deckel verschlossene Abschußschächte stehen gegenwärtig (1964) bereit; mit eingezielten, programmgesteuerten Minutemanraketen. Unterirdische Startbahnen in von Panzertüren verschlossenen Schachtanlagen für Bodenkampfflugzeuge sind schon seit längerer Zeit bereitgestellt. Wegen der kurzen Startbahnlänge müssen solche Flugzeuge mit Hilfsraketen gestartet werden. Durch den Stromstoß der Automatisierungsanlage, die auf ein niedergehendes Feindgeschoß anspricht, werden die Schachtverschlüsse ausgeschwenkt und die Raketen und Geschwader zum Start gebracht.

In der Automatisierung des Gegenschlags ist buchstäblich dem niederstoßenden Satellitengeschoß der Schlüssel zur Öffnung der unterirdischen Schächte gegeben. Die hochleistungsfähigen modernen Raketentreibstoffe ergeben mit ihrem wirksamen Aluminium- und Borgehalt feste Oxyde in den Verbrennungsprodukten mit einer ungewöhnlich starken, ofenartigen Rauchentwicklung. Die Fernraketen und taktischen Geschwader heben sich daher aus einem dichten Qualm heraus, der von den Schachtmündungen her aufsteigt.

Tiefflieger-Maschinengewehrgarben auf kämpfende Truppen in offenem Feld und offener Straße haben panikerregende Wirkung. Das Peitschen der Schüsse, das Heulen der Turbinen, das Schreien der Verwundeten und das angsterfüllte Suchen nach den Angehörigen der mitbetroffenen Flüchtlingsströme führen zu trostloser Verzweiflung und Todesverlangen. Wenn auch die Zahl der hierbei tatsächlich Umkommenden sehr gering und nicht kriegsentscheidend ist, erreicht der Angreifer doch seine Absicht: Mit zerstörten Transportmitteln und mit entsetzengetriebenen Menschenmassen verstopfte Straßen verhindern geordnete Truppenverschiebungen und gut organisierte Fluchtbewegungen. So werden die Menschen das Opfer der mit ihren Panzern nachstoßenden Feindarmeen.

Die Apokalypse bezeichnet ausdrücklich die »Heuschrecken« als Befehlsträger und somit als bewußt nach Weisung Handelnde, die nicht das Gras bekämpfen, sondern unmittelbar gegen Menschen vorgehen; naturgemäß gegen die operierenden militärischen Einheiten. Die Bezeichnung dieser als Nichtbesiegelte paßt mit schauriger Genauigkeit und Eindringlichkeit zu der Verdammung derer, die »zum Schwerte greifen« (Mt 26, 52; Apk 13, 9—10), und derer, die auf die Streitkräfte bauen und deren Macht anbeten

(Apk 13, 4). Uns heute erscheint es zwar selbstverständlich, daß Boden-Kampfflugzeuge den Befehl erhalten, auf Truppen und nicht auf Gras und Bäume zu schießen. Doch im Gegensatz zu den im Rahmen des technischen Apparates geschehenden A-Waffen-Detonationen, die in so charakteristischer Weise (Isotopenaustausch) das grüne Gras schädigen, ist diese Feststellung überaus bemerkenswert. Die Apokalypse bezeichnete diese Vorgänge nicht nur für uns, sondern auch für die Menschen einer zweitausendjährigen, ganz anderen Zeit vor uns; einer Zeit, in welcher solches nicht zu ahnen, geschweige denn selbstverständlich war.

Die taktischen Zerstörergeschwader werden dem Verfasser der Apokalypse wie mit den natürlichen Sinnen wahrnehmbar gezeigt. Er beschreibt sie mit Worten aus einer Zeit, da Muskelkraft allein das Geschehen beherrschte; tausend Jahre vor Bekanntwerden des Schießpulvers in diesem Teil der Welt; knapp zweitausend Jahre vor dem ersten Maschinengewehr, vor der ersten Kraftmaschine, vor dem ersten Flugzeug, vor dem ersten Leichtmetall. Man muß sich vor Augen halten, wie die Feuerwaffen und vor allem die automatischen Feuerwaffen die Kriegführung revolutioniert haben, wie das Auftreten der ersten Kraftmaschinen und Flugzeuge die ganze Vorstellungswelt unserer Väter umgewühlt hat, wie das erste technische Aluminium auf der Pariser Weltausstellung 1855 Aufsehen erregt hat. Diese Dinge beschreibt der Empfänger der Apokalypse mit ebenso absonderlichen wie treffsicheren Vergleichen:

»... Die Heuschrecken glichen Rossen, die zum Kampfe gerüstet sind. Auf ihrem Kopfe trugen sie goldähnliche Kronen. Ihr Gesicht glich einem Menschengesichte. Ihre Haare waren wie Frauenhaare, ihre Zähne wie Löwenzähne, ihre Panzer wie Eisenpanzer. Ihr Flügelschlag klirrte wie das Gerassel vieler Streitwagen, die in den Kampf stürmen. Sie hatten Schwänze und Stacheln wie Skorpione. In ihren Schwänzen lag die Kraft, die Menschen fünf Monate zu schädigen. Als König haben sie über sich den Engel des Abgrunds, der hebräisch Abaddon, griechisch Apollyon heißt. So ging das erste Weh vorüber, aber siehe, noch zwei Wehe kommen nach« (Apk 9, 7—12).

Er sieht die Zerstörergeschwader auf die Menschen aus der Luft niederstoßen wie die Heuschreckenschwärme auf die Felder. Mit ihrer Flügel- und Rumpfform, mit der Steifheit und dem metallischen Glanz ihres Chitins, mit der Art der Körperhaltung und der Flugbewegung hat die Heuschrecke mehr Ähnlichkeit mit dem Flugzeug als jedes andere flugfähige Tier. Er sieht die metallische Verschalung der Flugzeuge – und vergleicht sie mit der Rüstung von Kampfrossen. Die erste Verwendung von Aluminium dachte Napoleon III. auch den Kürassen seiner Kavallerie zu. Er sieht die Kanzeln mit ihrer durchbrochenen Metallkonstruktion – und vergleicht sie mit goldähnlichen Kronen. Er sieht den Piloten durch die Kanzel schauen und erkennt das Gesicht des Menschen; der Gedanke, daß hier der homo sapiens selbst in seiner flugzeuggemäßen Pilotengarnitur schaltet und waltet, scheint ihm gar nicht gekommen zu sein – und wäre wohl auch zu grotesk aus der antiken Sicht. Er sieht die Kondensstreifen als ein Gewirr feinster Nebelfäden längst der Ionisationsbahnen der sich elektrisch aufladenden Abgasteilchen – und vergleicht sie mit dem Frauenhaar. Er sieht die Verstrebungen und Verzahnungen durch die Kanzel – und vergleicht sie mit Löwenzähnen. Er erkennt die Leichtmetall-Legierungen der Flugzeugaußenhaut in ihrer eisenähnlichmetallischen Beschaffenheit; wobei er merkt, daß sie sich vom Eisen doch unterscheiden. Er hört den gewaltigen Lärm der Triebwerke, die er als »Flügelschlag« bezeichnet – und vergleicht sie mit dem Lärm vieler in den Kampf stürmender Streitwagen (die durch Rätschen an den Speichen großen Lärm zu verursachen bemüht waren!). Er sieht die Läufe der Bordwaffen als »Schwänze und Stacheln« und empfindet, daß eben aus diesen das (der Schuß) ausgestoßen wird – wie mit dem Schwanz des Skorpions –, das die Menschen schädigt und peinigt.

Fünf Monate währen diese Angriffe. Dieser Teil des Kriegsgeschehens wird beherrscht vom Geist dieser Taktik, die eben nach den unterirdischen Basen mit ihren Zerstörergeschwadern benannt ist (hebräisch: Abaddon = Abgrund; griechisch: Apollyon = Zerstörer). Diesen Luftangriffen folgen nachstoßende, gewaltige motorisierte Heeresverbände mit Panzern.

»Der sechste Engel stieß in die Posaune. Da vernahm ich eine Stimme von den vier Ecken des goldenen Altars, der vor Gott steht. Die sprach zum sechsten Engel mit der Posaune: ›Binde die vier Engel los, die am großen Euphrat gebunden sind.‹ Da wurden die vier Engel losgelassen, die auf Stunde, Tag, Monat und Jahr bereitstanden, den dritten Teil der Menschen zu töten. Die Zahl der Reiterscharen betrug zwanzigtausendmal zehntausend. Diese Zahl hörte ich ...« (Apk 9, 13–16).

Die Geister der Kriegsparteien, die immer wieder ihre drohenden Stimmen erheben, scheinen gegenwärtig noch hintangehalten zu werden. Was die Gründe für diese Zurückhaltung der aktiv zum Krieg drängenden Kräfte sind, wie lange diese Gründe noch als gültig betrachtet werden und wie lange diese Kräfte noch zurückhaltbar sind, dürfte keinem Menschen hinreichend bekannt sein. Nach Auslösung des nuklearen Schlages sind diese Kräfte gewiß losgelassen.

Früher, zur Zeit der antiken Staats- und Kriegführung, bedeutete das Bild eines großen Stromes das ganz Entsprechende wie für uns heute das Bild des »Eisernen Vorhangs«. Zumal für das alte Judentum hatte der Euphrat diese Bedeutung, da von diesem her die Heere der Assyrer und Babylonier eingebrochen waren. Solange noch Frieden ist, ist die Macht der Militärs an diese als eiserner Vorhang bezeichnete Grenze gebunden, an der sich die Kräfte massieren.

Unvorstellbare Riesenheere sind zur Zeit in der Entstehung begriffen. Wie der chinesische Generalstabschef Lo Jui-tsching in der »Roten Fahne« im Frühjahr 1960 bekanntgegeben hat, stellt Rot-China eine Reservearmee von »hunderten Millionen Menschen« in »tausenden von Milizdivisionen« auf. Die Planstärke einer östlichen Division beläuft sich dabei auf 20000 Mann. Wenn man damit rechnet, daß nach den üblichen taktischen Gepflogenheiten ein Teil der Armee in Reserve verbleibt, würde also die Sowjetunion mit ihren Satelliten zusammen mit Rot-China etwa 10000 Divisionen in den Kampf führen können. Es ergibt sich daraus eben das Produkt 20000 × 10000 der Apokalypse, die ausdrücklich als reale Zahl – »diese Zahl hörte ich« – betont wird.

Die Apokalypse kündigt das Losbrechen eines derartigen Heeres an, nachdem es Stunde um Stunde, Tag um Tag, Monat um Monat, über ein Jahr für den Angriff bereitgestanden hatte; vermutlich in vier Heeresgruppen. An anderer Stelle (Apk 16, 12) wird angegeben, daß dies das Losbrechen »der Könige vom Osten« ist.

Auch die Panzerverbände dieses Heeres werden dem Verfasser der Apokalypse wie mit den natürlichen Sinnen wahrnehmbar gezeigt:

»... Also schaute ich im Gesichte die Rosse und ihre Reiter: Sie trugen feuerrote, dunkelblaue und schwefelgelbe Panzer. Die Köpfe der Rosse waren wie Löwenköpfe, und aus ihrem Maul kam Feuer, Rauch und Schwefel hervor. Durch diese drei Plagen, Feuer, Rauch und Schwefel, die aus ihrem Maule hervorgingen, wurde ein Drittel der Menschen getötet. Denn die Kraft der Rosse liegt in ihrem Maul und ihren Schwänzen. Ihre Schwänze sind schlangenähnlich, mit Köpfen versehen, womit sie Unheil anrichten« (Apk 9, 17–19).

Er sieht die Panzer daherrollen, die er in Ermangelung irgendeines besseren Vergleichs als »Rosse« bezeichnen muß. Die erste, sich selbst bewegende Maschine war knapp zweitausend Jahre später die Lokomotive, die die Leute damals auch als »Stahlroß« bezeichneten. Er sieht die üblichen Tarnfarben: kupferrot, ockergelb und schwarzblau. Er sieht die schweren Geschützrohre lang und schlank aus dem Panzerturm ragen – und er erkennt an deren Ende die kopfförmig verdickte Rohrrückstoßbremse (durch Pulvergasumlenkung wirkend), wie sie viele Panzertypen besitzen. Er vergleicht die Geschütze mit Schlangen; das einzige passende Beispiel aus einer Zeit über tausend Jahre vor der ersten Kanone. Im 15. bis 17. Jahrhundert wurden die langen, kleinkalibrigen Geschütze allgemein als »Schlangen« bezeichnet; etwa »Feldschlangen«. Er sieht das Mündungsfeuer aus dem »Maul« des »Kopfes« am Laufende hervorschießen. Visuell ist es nicht möglich – auch ihm nicht –, die abgeschossene Granate auf ihrer rasanten Bahn zu verfolgen. Aber er empfindet dennoch, daß eben diese Geschütze die Stärke des Panzers bedeuten und ihn Unheil anrichten lassen.

Die Apokalypse fährt fort: Durch all diese katastrophalen Ereignisse der sechs Posaunen lassen sich die Menschen immer noch nicht zur Umkehr bringen (Apk 9, 20—21). Sie dienen weiter ihren militärischen und politischen Konzeptionen, die dem menschlichen Wähnen entspringen und nicht die Gebote Gottes zur Grundlage haben; sie dienen bösen Geistern. Sie vertrauen weiter auf ihre Apparaturen, die sie mit ihren eigenen Händen gefertigt haben, und lassen die Technik über ihr Schicksal walten; sie beten Götzen an. Sie bekehren sich nicht von ihren Mordtaten, von der mißbräuchlichen Entfesselung der Naturgewalten in der Kriegstechnik, von ihrer Unzucht, von der mißbräuchlichen Entnahme der hohen Werte und Ideale für die Werke der Vernichtung. Die notwendige Grundlage für den Fortbestand fehlt weiterhin. Die endgültige Vernichtung ist nicht mehr abwendbar.

Zwischen dem 6. und 7. Posaunenstoß hält die Apokalypse noch einmal ein; wie um nochmals Besinnung und Umkehr zu ermöglichen. Die ersten sechs Posaunenstöße leiten das Endgeschehen nur ein; die 7. Posaune bringt den Höhepunkt des Endgeschehens und das endgültige Gericht über eine verworfene Menschheit. Dies wird gewaltig angekündigt:

»Ich sah einen anderen, mächtigen Engel vom Himmel niedersteigen. Er war in eine Wolke gehüllt. Über seinem Haupte stand ein Regenbogen. Sein Antlitz strahlte wie die Sonne, und seine Füße glichen Feuersäulen. In seiner Hand hielt er ein offenes Büchlein. Seinen rechten Fuß setzte er auf das Meer, den linken auf das Land. Er rief mit lauter Stimme, wie ein Löwe brüllt. Auf seinen Ruf ließen die sieben Donner ihre Stimme erschallen. Als die sieben Donner verhallt waren, wollte ich schreiben. Doch da hörte ich eine Stimme vom Himmel sagen: ›Versiegle, was die sieben Donner gekündet haben! Schreib es nicht auf!‹« (Apk 10, 1—4).

»Da erhob der Engel, den ich auf dem Meere und auf dem Lande stehen sah, seine rechte Hand zum Himmel und schwur bei dem, der lebt von Ewigkeit zu Ewigkeit, der den Himmel geschaffen hat und was in ihm ist, die Erde und was auf ihr ist, das Meer und was in ihm ist: ›Es wird keine Frist mehr sein. Vielmehr wird in den Tagen, da der siebte Engel sich anschickt, in die Posaune zu stoßen, der geheime Ratschluß Gottes erfüllt sein, wie Er seinen Knechten, den Propheten, angekündigt hat‹« (Apk 10, 5–7).

Engel sind Geister, von Gott geschaffene Mächte; ausübende Gewalten. Sie erscheinen in der Gestalt, in der sich ihre Aufgabe am besten erfüllt. Was dieser vor dem 7. Posaunenstoß erscheinende »andere« Engel rief und was die sieben Donner vernehmen ließen, steht in der Apokalypse nicht geschrieben. Und doch ist es geoffenbart; gerade dadurch deutlicher als durch alle Worte. Wir brauchen nur die Insignien zu betrachten, die uns dieser Engel zeigt: Die Wolke kondensierten Dampfes kennzeichnet nukleare Detonationen auf dem Meere. Feuersäulen kennzeichnen nukleare Detonationen über dem Lande. Der farbenstrahlende, erdteilüberspannende Stratosphärenlichtbogen über dem Feuerball kennzeichnet die in großer Höhe detonierte »Regenbogenbombe«. Alle Beobachter vergleichen nukleare Detonationen mit der Sonne, deren ungeschützter Anblick das Augenlicht zerstört. Auf dem Meere wie auf dem Lande steht der Qualm des nuklearen Feuers, vor dessen Brüllen der Erdkreis zittert.

Viele Physiker, viele Biologen, viele Mediziner und viele, viele andere haben diesem Löwenruf Worte gegeben – und grauenhafte Folgen für die Zukunft in Aussicht gestellt. Aber alles verhallt in den Ohren derer, die ihre inzüchtig konstruierten Konzeptionen zum Maß aller Dinge machen; derer, die sich gewalttätig über alle Bedenken hinwegsetzen und kaltblütig die ganze Schöpfung das Risiko ihres begrenzten Urteilsvermögens tragen lassen. Taub allen Vorstellungen zeigen sich diejenigen, die bequem und gerngesehen gesteuerte Meinung nachbeten; diejenigen, die mitsamt ihrem Pflichtgefühl krampfhaft zu übersehen bemüht sind, wie sie mit ihrem ängstlichen Ausweichen vor Schwierigkeiten Elend und Qual über die Welt kommen lassen. Träge fließt der Alltag weiter; immer schon ist der Ober mehr als der Unter, und immer noch ist es vorteilhafter und angesehener, sich mit ergebenem Eifer hervorzutun. Immer noch bemüht man sich um eitle Torheiten und immer noch streitet man sich um Nichtigkeiten.

Der Engel hat ein offenes Büchlein in der Hand; es ist offen, jeder kann darin lesen, wenn er will. Da dieser Engel niedersteigt, ist die Zeit reif für das Lesen und Beachten der Apokalypse. Denen, die die Offenbarung Gottes beherzigen, sind die Endereignisse angekündigt und nicht verborgen; Seinen Knechten, den Propheten. Aber für diejenigen, die in ihrer Verblendung und Verkommenheit ihr eigenes Ende selbst herbeiführen, ist der Ratschluß Gottes geheim. Die Stimme der Donner versiegelt sich vor ihren Ohren, und sie hören auch nicht die Stimme des Engels, obgleich sie furchtbar über die Erde dröhnt.

Tod und Verderben

Auf den Löwenruf des mächtigen Engels lassen die sieben Donner ihre Stimme vernehmen. »Donnernd wird für Geisterohren« die Wirkung der siebten Posaune angekündigt. Gott hat in seiner unbegreiflichen Allmacht die Welt und alle ihre Mächte so geschaffen, daß alles nur Bestand auf Ihn selbst hin hat und daß alles Abgefallene unausweichlich sich in sich selbst vernichtet. Dies beschwört der Engel, indem er ankündigt, daß keine Frist mehr sei. Mit dem 7. Posaunenstoß und während einer mehrjährigen grausigen Zwischenzeit reifen die tödlichen Folgen der fortgesetzten Untaten und des Mißbrauchs der Nuklearenergie unaufhaltsam heran. Dann brechen diese Folgen mit ihrer ganzen Furchtbarkeit herein:

»Ich sah ein anderes Zeichen am Himmel, groß und wunderbar: sieben Engel mit den sieben letzten Plagen, worin sich der Zorn Gottes erschöpfen sollte. Ich sah etwas wie ein kristallenes Meer, mit Feuer gemischt, und die Sieger über das Tier und sein Bild und die Zahl seines Namens, wie sie mit Gottesharfen am kristallenen Meer standen. Sie sangen das Lied Moses', des Knechtes Gottes, und das Lied des Lammes (Christus): ›Groß und wunderbar sind Deine Werke, Herr, allmächtiger Gott. Gerecht und wahrhaftig sind Deine Wege, König der Völker. Wer sollte Dich nicht fürchten, Herr? Wer Deinen Namen nicht preisen? Denn Du allein bist heilig. Alle Völker werden kommen und Dich anbeten; denn Deine gerechten Gerichte sind offenbar geworden.‹ Darauf sah ich, wie sich im Himmel der Tempel mit dem Bundeszelt öffnete. Aus dem Tempel traten die sieben Engel mit den sieben Plagen hervor. Sie waren in glänzend weißes Linnen gekleidet, die Brust mit goldenem Gürtel umgürtet. Eines der vier Wesen gab den sieben Engeln sieben goldene Schalen, voll vom Zorne Gottes, der da lebt in alle Ewigkeit. Da ward der Tempel vom Rauche der Herrlichkeit und Macht Gottes erfüllt. Niemand konnte in den Tempel eintreten, bis die sieben Plagen der sieben Engel vollzogen waren. Ich hörte eine laute Stimme aus dem Tempel den sieben Engeln zurufen: ›Geht hin und gießt die sieben Zornschalen Gottes auf die Erde aus!‹« (Apk 15, 1 bis Apk 16, 1).

Sieben Posaunen, sieben Donner, sieben Schalen! Erst unter den heutigen wissenschaftlichen Erkenntnissen wird in deren Gegenüberstellung ein Umstand offenkundig, der in geradezu furchterregender Weise das ganze Bild abrundet und erneut in sich bestätigt. Die sieben Schalen entsprechen – konsequent der Reihe nach – den sieben Posaunen, wobei man vor allem hinsichtlich der ersten vier Posaunen und Schalen eben folgendes feststellt: Die schon vorne bei den Posaunenstößen beschriebenen Folgen sind diejenigen, die der Physiker und Nuklearmediziner als akute Sofortschäden kennt. Die hinten unter den zugehörigen Schalen beschriebenen Folgen sind dagegen gerade diejenigen, die man als langfristige Auswirkungen erwartet. Während die unmittelbar folgenden Auswirkungen bereits aus der derzeitigen praktischen Erfahrung bekannt sind, besteht über die langfristig nachfolgenden Auswirkungen noch kein hinreichend umfangreiches Erfahrungsmaterial. Vor allem die globalen Auswirkungen entziehen sich naturgemäß dem Experiment. Die diesbezüglichen Erwartungen sind derzeit noch wissenschaftliche Extrapolationen; als solche Gegenstand heftigster Diskussionen unter den Wissenschaftlern aller Richtungen und Einstellungen und umfangreichster Forschungsprogramme in Ost wie West. Diese Diskussionen und Programme laufen dabei völlig unabhängig von der Apokalypse ab, die hiermit noch gar nicht in Beziehung gebracht worden ist. Dennoch ist nur der zu erwartende Umfang der ferneren Auswirkungen Anlaß zu den Meinungsverschiedenheiten. Dagegen betrachtet man auf der ganzen Welt als zuverlässig bekannt, in welcher Art diese ferneren Auswirkungen zu erwarten sind. Und diese Art deckt sich gerade mit den Schalenankündigungen der Apokalypse.

»Der erste Engel goß seine Schale auf die Erde aus. Da kamen bösartige, schlimme Geschwüre an die Menschen, die das Zeichen des Tieres an sich trugen und sein Bild angebetet hatten« (Apk 16, 2).

Die erste Schale weist gegenüber der ersten Posaune äußerlich so starke Unterschiede auf, daß der Nichtnuklearwissenschaftler die ursächliche und sehr charakteristische Zusammengehörigkeit nicht zu erkennen vermochte. Mit dem ersten Posaunenstoß wurde »Feuer mit Blut« vermischt auf die Erde geworfen, so daß alles grüne Gras, aber nur ein Drittel der Bäume verbrannte. Bei Betrachtung der ersten Posaune wurde schon darauf hingewiesen, daß über das Blut als Zwischenträger Radioisotope von den Organen selektiv absorbiert werden – und zu Krebswucherungen Anlaß geben. Darüber hinaus ist aber auch noch eine viel problematischere Krebserregung zu erwarten (vor allem über Lunge und Verdauungskanal), die nicht über das Blut vermittelt wird. Dieser liegt das Phänomen der »heißen Körnchen« zugrunde.

Daß Krebsgefahr besteht, ist zwar unbestritten, aber der zu erwartende Umfang ist noch ungewiß; die Zukunft muß dies lehren. Im schlimmsten Falle würden schon mit den bisherigen Experimentaldetonationen in spätestens einigen Jahrzehnten alle Menschen an Krebs sterben. Bei weniger kritischen Verhältnissen – vor allem, wenn die heißen Körnchen doch keine Gefahr bedeuten sollten, sondern nur durch die normale Radioisotopenaufnahme Krebsgefahr bestände – würden erst durch sehr viel mehr nukleare Detonationen im großen Umfang »bösartige, schlimme Geschwüre an die Menschen kommen« (Apk 16, 2).

»Der zweite Engel goß seine Schale auf das Meer aus, und es ward wie Totenblut, und jedes Lebewesen im Meer fand den Tod« (Apk 16, 3).

»Der dritte Engel goß seine Schale auf die Flüsse und Wasserquellen aus, und sie wurden zu Blut. Da hörte ich den Engel der Gewässer sagen: ›Gerecht bist Du, der Du bist und warst, Du Heiliger, daß Du also gerichtet hast! Denn Blut von Heiligen und Propheten haben sie vergossen. Dafür gabst Du ihnen Blut zu trinken. So haben sie es verdient.‹ Und ich hörte vom Altar her rufen: ›Fürwahr, Herr, allmächtiger Gott, wahrhaft und gerecht sind Deine Gerichte‹« (Apk 16, 4–7).

Der Zusammenhang zwischen der zweiten Schale und der zweiten Posaune ist in sich klar und eindeutig; desgleichen zwischen der dritten Schale und der dritten Posaune. Die länger dauernde Auswirkung ist jeweils im Wesen gleich der Sofortwirkung; nur im Ausmaß größer. Während mit dem zweiten Posaunenstoß ein Drittel der Meeresgeschöpfe dahinstarb, finden jetzt mit der zweiten Schale alle den Tod. Während mit dem dritten Posaunenstoß die Flüsse und Wasserquellen »bitter« wurden, werden sie jetzt mit der dritten Schale zu Blut. Wenn man das »Bitterwerden« als immer noch beschränkte Genießbarkeit betrachtet, bedeutet das »Blutwerden« vollständige Ungenießbarkeit. Der Stoffwechsel zwischen dem Blut des Organismus und derart mit Radioisotopen verseuchtem Wasser läßt eine tödliche Strahlenbelastung erwarten.

»Der vierte Engel goß seine Schale auf die Sonne aus. Da ward ihr die Kraft verliehen, die Menschen mit Feuer zu versengen. Die Menschen wurden von großer Glut versengt. Gleichwohl lästerten sie den Namen Gottes, der Macht über diese Plagen hat. Sie gingen nicht in sich und gaben Ihm nicht die Ehre« (Apk 16, 8–9).

Äußerlich betrachtet, scheint die vierte Schale geradezu einen

Gegensatz zur vierten Posaune darzustellen, bei welcher eine Verdunkelung der Sonne angekündigt worden war. Jedoch bringen nukleare Detonationen in der Atmosphäre von solchem Umfang, daß als Sofortwirkung eine merkliche Verringerung der Sonneneinstrahlung eintritt, auch große Mengen feinster Teilchen und starke Radioaktivität in der Luft. Während dabei die die Sonneneinstrahlung verringernden groben Staubteilchen sich schon verhältnismäßig bald wieder niedergeschlagen haben, verbleiben die feinen Teilchen und die Radioaktivität noch lange Zeit danach und bis in die Stratosphäre schwebend. Diese feinen Teilchen und diese Luftradioaktivität lassen für später hinaus Wetterverschiebungen und Hitzewellen erwarten:

Das Wetter ist ein auf Reize außerordentlich empfindlich reagierendes Gleichgewicht mit einander fortgesetzt folgenden labilen und stabilen Zuständen. Das Wetter ist deshalb »steuerbar« – und zwar mit viel größerer Dynamik steuerbar als etwa die Landesstromversorgung durch Schaltpulthebelgriffe. So werden heute vielfach labile übersättigte Wetterlagen etwa durch Versprühung von wenigen Kilogramm Silberjodid oder Kohlendioxydschnee zum Ausregnen veranlaßt; labile Wetterlagen, die ohne diesen künstlichen Reiz kurz über lang wieder in stabile Lagen übergegangen wären und etwa ihren Wassergehalt erst später und weiter innen im Lande abgegeben hätten.

Eine weniger gereizte Atmosphäre ergibt deshalb eine überall ausgeglichenere Witterung und eine gleichmäßigere Verteilung des Regens über die Länder. Eine stark gereizte Atmosphäre führt dagegen zu einer stürmischen, sintflutartigen Ausregnung dieser gegebenen Luftfeuchtigkeit schon in den meeresnahen Randbezirken (etwa schon bei der erstmaligen, schwachen Taupunktunterschreitung), so daß sie die Länder weiter innen gar nicht erreicht.

Solche Art der Auswirkung einer weltweiten Reizung der Atmosphäre ist allgemein bekannt und unbestritten. Die Ansichten gehen nur darüber auseinander – und zwar weit auseinander –, was konkret als eine schwache und was als eine starke Reizung zu betrachten ist. Die rein physikalische Erfahrung läßt von nuklearen Detonationen eine besonders starke Reizung erwarten: Jeder einzelne radioaktive Zerfall führt in der Atmosphäre zur Bildung von rund 100 000 Ansatzpunkten für die Bildung jeweils eines Nebel- oder Wassertröpfchens. Würde sich dieser Effekt in der Natur voll auswirken (wie in der Wilson-Nebelkammer), so könnte bereits ein Mikrogramm (ein kaum sichtbares Stäubchen) radioaktiv zerfallender Spaltisotope die Ausregnung von einigen Billionen Tonnen Wasser (Jahresmenge des Amazonas) verursachen. Also schon bei verschwindend kleinem Wirkungsgrad bedeutet dieser Effekt eine überaus starke Reizung. Dabei ist es schwierig, diese Reizung quantitativ mit den entsprechenden natürlichen Reizungen —wie etwa mit der Emanations- oder Höhenstrahlung oder etwa mit dem natürlichen Staubgehalt der Atmosphäre — zu vergleichen.

Die furchtbaren Meeresstürme und Überschwemmungen einerorts, die Dürre und Hitzewellen anderenorts, die die Erde in den vergangenen Jahren während und nach den nuklearen Experimentaldetonationen betroffen haben, fielen bemerkbar aus dem Rahmen der geschichtlichen Wetterbeobachtung heraus. Dies läßt zwar eine starke Reizung der Atmosphäre durch nukleare Detonationen dringend vermuten, gibt aber trotzdem noch keinen exakten Erfahrungsbeweis. Auch andere natürliche Reize auf die Atmosphäre (Art der Sonneneinstrahlung, sonnenfleckenbedingte magnetische Stürme, Ozonbildung in den hohen Schichten usw) sind mitunter stärkeren Schwankungen unterworfen, was ebenfalls — wenn auch selten — zu Katastrophenjahren führt. Man ist deshalb nie ganz sicher, ob diese Periode der nuklearen Experimentaldetonationen nicht gerade zufällig mit selten starken natürlichen Reizungen der Atmosphäre zusammengetroffen war.

Ein nuklearer Krieg würde aber in jedem Fall extrem starke Reizungen der Atmosphäre der Erde erwarten lassen; mit Stürmen und Überschwemmungskatastrophen in Meeresnähe und mit verheerenden Hitze- und Dürrejahren im Landesinnern. Daher: »Es wird unter den Völkern angstvolle Verzweiflung herrschen beim Brausen und Branden des Meeres« (Lk 21, 25); zugleich:

»Die Menschen werden von großer Glut (der Sonnenstrahlung) versengt« (Apk 16, 9).

»Der fünfte Engel goß seine Schale auf den Thron des Tieres aus, und sein Reich wurde verfinstert. Die Menschen zerbissen sich vor Schmerz die Zungen und lästerten den Gott des Himmels wegen ihrer Schmerzen und Geschwüre, ließen aber nicht von ihrem Treiben ab« (Apk 16, 10–11).

»Der sechste Engel goß seine Schale auf den großen Euphrat aus. Da trocknete sein Wasser aus, damit für die Könige des Ostens der Weg offenstehe. Und ich sah aus dem Maul des Drachens, aus dem Maul des Tieres und aus dem Maul des falschen Propheten drei unreine Geister gleich Fröschen hervorgehen. Es sind teuflische Geister, die Zeichen wirken und zu den Königen der ganzen Erde ausziehen, um sie für den großen Tag des allmächtigen Gottes zum Kampf zu sammeln. – Siehe, ich komme wie ein Dieb. Selig, wer wacht und seine Kleider bewahrt, daß er nicht nackt einherzugehen braucht und seine Blöße nicht sichtbar wird! – Sie versammeln sich an dem Ort, der auf hebräisch Armagedon heißt« (Apk 16, 12–16).

Die fünfte Schale beschreibt die Auswirkungen der strategischen Luftkriegführung gegen die Stäbe, vielleicht auch Regierungssitze und Städte; Beschuß mit Raketen von interkontinentalen Abschußbasen oder von Trägerflugzeugen. Solange der Stand von 1961 noch nicht wesentlich überholt ist, kommen hierfür sogar noch strategische Bomberverbände in Frage. Im Gegensatz zu den taktischen Luftoperationen und ihren differenzierten Sofortwirkungen im Rahmen der fünften Posaune ist hier bei der fünften Schale nichts Besonderes mehr festzustellen: Die gesamten nuklearen Schläge der vorhergehenden Schalen und Posaunen gehören schon dieser strategischen Luftkriegführung zu.

Die sechste Schale bezeichnet den verlängerten Arm der monernen Landkriegführung, deren militärischer Verlauf mit der sechsten Posaune angekündigt war. Es ist eine Besonderheit der modernen Zeit, daß die Besetzung von Ländern, die Besitzergreifung von Regierungsgewalten und die Dienstbarmachung von

Völkern langfristig propagandistisch vorbereitet wird; durch Schwächung des ordnungserhaltenden religiösen und sittlichen Wertempfindens, durch Untergrabung des Wehrwillens und durch ideologische Hetze und Verführung. Geschulte Agenten, zersetzende Geister gehen aus, um die neutralen Regierungen und Völker mit lockendem Lebensstandard und einschüchternden Machtdemonstrationen zu gewinnen: als Verehrer und Anbeter des Lebensstils und der Staatsideologie, als politisch-abhängige Bundesgenossen und schließlich als militärische Satelliten mit Truppenkontingenten, Stützpunkten und Aufmarschgebieten. Auch heute schon beunruhigt uns diese Strategie des kalten Krieges auf allen Seiten. Wenn die ersten nuklearen Schläge erfolgt sind und die taktischen Kampfhandlungen der Streitkräfte eingesetzt haben, wenn das Geschehen auf die Katastrophe zusteuert und alles in Fluß kommt, dann ist zu erwarten, daß diese geistige Besitzergreifung außerordentlich forciert wird.

Vor allem zur Bewahrung der religiösen Werte, deren Verfall die Wurzel alles Übels darstellt, ruft die Apokalypse in diesem Zusammenhang auf. Wenn der Mensch in der materiellen Genußsucht und in der materialistischen Weltanschauung seiner Würde als Diener des göttlichen Willens und seines überirdischen Haltes entkleidet ist, erscheint die nackte Bestie. Eine derartige Menschheit ist schutzloses Opfer der bösen, mörderischen Mächte und ist der Vernichtung preisgegeben; wie die Heere Kanaans bei Armagedon in der alttestamentlichen Geschichte.

Während die Posaunen die Sofortwirkungen und taktischen Operationen darstellen, zeigen die Schalen — streng zugeordnet — die langdauernden Nachwirkungen und strategischen Maßnahmen. Dabei wird mit den sechs ersten Posaunen noch nicht ausdrücklich die Vernichtung von Städten angekündigt, wohl aber mit der 7. Posaune, welche die sieben Schalen enthält. Insbesondere mit der 7. Schale (Apk 16, 17—21) tritt eine Vernichtung der Städte der Erde vor unsere Augen. Man gewinnt den Eindruck von zwei Phasen des Krieges: Im Rahmen der Posaunen erfolgen Kriegshandlungen, die wenigstens nicht auf den direkten nuklearen Beschuß der Großstädte abgestellt sind, wenngleich auch diese Schläge mit ihren Sofort- und Nachwirkungen bereits Massentod zur Folge haben. Wenigstens soweit scheint noch die Vernunft in der Überlegung zu walten, daß die physische Zerschmetterung der gegnerischen Großstädte die gleiche Vernichtung der eigenen Städte zur Folge hat. Jedoch im Rahmen der Schalen erfolgt ein Vernichtungskrieg, der in einem maßlosen Haßausbruch die planmäßige Ausrottung der gegnerischen Bevölkerung verfolgt. Zwischen diese beiden Phasen tritt der mächtige Engel (Apk 10, 1–4)mit dem offenen Büchlein, der eben die 7. Posaune (mit den sieben Schalen) ankündigt (Apk 10, 5–7).

Sieben Siegel, sieben Posaunen, sieben Schalen. Die Apokalypse besteht aus sieben Siegeln, die die gesamte Geschichte umfassen: Die ersten sechs Siegel davon enthalten die allgemeine Vorgeschichte bis heute; das 7. Siegel besteht aus den sieben Posaunen, die die gesamte Endgeschichte umfassen: Die ersten sechs Posaunen davon enthalten die Einleitung der Endgeschichte; die 7. Posaune besteht wiederum aus den sieben Schalen, die die gesamte Erfüllung der Endgeschichte umfassen: Die ersten sechs Schalen davon enthalten die Einleitung des Schlußaktes; die 7. Schale ist dieser Schlußakt in der Vollendung des Gerichts über die Welt und die abgefallene Menschheit.

Die von den Mächten der Erde vorbereiteten, beabsichtigten oder in Kauf genommenen Geschehnisse stellen somit eine dreifache Staffelung auf der Basis 7 dar; genau ausgedrückt durch die Zahl 666, worin der 7. »Hunderter« (7. Siegel) von der Zahl 66 und hierin wiederum der 7. »Zehner« (7. Posaune) von der Zahl 6 gebildet wird. Durch diese Geschehensstaffel wird mit der 7. Schale ein der menschlichen Kontrolle entglittenes, unabwendbares Geschehen herbeigeführt, das den endgültigen Untergang des Menschengeschlechtes bedeutet; vor allem durch die Radioverseuchung der Atmosphäre (vgl S. 108 und 118).

Mächtig – wie in den drei aufeinanderstehenden, sich verjüngenden Triebwerkstufen einer Langstreckenrakete mit dem todbringenden Geschoß im Kopf der dritten Stufe (vgl S. 108 und S. 116) – strebt das gottlose, verbrecherische Treiben der Menschen, strebt die Weltgeschichte auf das Gericht hin.

Geheimnisvolles Dunkel eines zwielichtigen Symbolismus ist nicht die Art einer Offenbarung des Allmächtigen Gottes. Eine »Geheime Offenbarung« ist es vor der Zeit, die alle Deutungen scheitern läßt. Doch ist die Zeit reif, und die Menschheit steht kurz vor den herankommenden Ereignissen, so fällt das Geheimnis von selbst, und alles wird für alle sichtbar. Vor der aktuellen Gefahr war alles Deuten vergeblich und einer ehrlichen, kritischen Bemühung mehr im Wege als dienlich – und dann im Anblick der realen Drohung ist keine Deutung mehr nötig. Vorher kann nur mit vergleichenden Betrachtungen und Tatsachen-Stoffsammlungen der Boden vorbereitet werden, damit zu gegebener Zeit die Wahrheit der Offenbarung in sich sichtbar werden könne und die Menschen dem Herankommenden gefaßt begegnen können.

In der letzten Entscheidung für oder gegen Gott und Sein Wort steht jeder für sich allein; geleitet von dem Wort des Apostels Petrus, des Empfängers der Lehrgewalt aller Zeiten:

»Überdies haben wir das zuverlässige, prophetische Wort. Ihr tut gut, wenn ihr euch daran haltet. Es ist eine Leuchte, die einen hellen Schein in das Dunkel wirft, bis der Tag anbricht und der Morgenstern in euren Herzen aufgeht. Vor allem merkt euch, daß keine Weissagung der Schrift Sache eigener Deutung ist. Denn nie ist eine Weissagung aus menschlichem Willen hervorgegangen. Vielmehr haben die heiligen Gottesmänner nur auf Antrieb des Heiligen Geistes geredet« (2 Petr 1, 19–21).

In der Apokalypse nehmen drei Bilder eine wesentliche Stellung ein: das »Tier aus dem Meere« und das »Tier aus dem Festland« (Apk 13); außerdem die »große Buhlerin« (Apk 17). Diese beiden Tiere sind die eigentlichen Träger des endzeitlichen Hauptgeschehens, das geschichtlich aus der Urzeit herauswächst und bis zum Ende währt (Apk 12 bis Apk 16). Die Buhlerin gehört einem für das geschichtliche Verständnis wichtigen, eigens ausgeführten Teilgeschehen an (Apk 17 bis Apk 19).

Weltbeherrschende Mächte entstehen nicht in Tagen und Monaten, sondern benötigen in der Regel viel längere Zeiten. Sind diese Mächte vielleicht schon in unserer Zeit gegenwärtig? Die Lückenlosigkeit und Genauigkeit, mit der die ersten sechs Posaunenstöße den derzeitigen technischen Stand und mit der die ersten sechs Schalen die derzeitigen wissenschaftlichen Erwartungen bezeichnen, zwingen deshalb zur Betrachtung dieser Bilder. Was heißt es von den Tieren und der Buhlerin, und welche Eigenarten müßten damit bezeichnete Mächte besitzen?

»Da sah ich aus dem Meer ein Tier aufsteigen. Das hatte zehn Hörner und sieben Köpfe. Auf seinen Hörnern trug es zehn Kronen und auf seinen Köpfen gotteslästerliche Namen. Das Tier, das ich sah, glich einem Panther (Apk 13, 1). Seine Tatzen waren wie die eines Bären, sein Maul wie ein Löwenmaul. Ihm gab der Drache seine Macht, seinen Thron und große Gewalt (Apk 13, 2). Einen von seinen Köpfen sah ich wie zu Tode verwundet. Aber seine Todeswunde heilte wieder (Apk 13, 3). Die ganze Welt folgte dem Tiere voll Verwunderung und betete den Drachen an, weil er dem Tiere die Gewalt übertragen hatte. Sie betete das Tier an und sagte: ›Wer ist dem Tiere gleich, und wer vermag mit ihm zu streiten?‹ (Apk 13, 4). Es ward ihm ein Maul gegeben, das hochtrabende und gotteslästerliche Reden führte, und es ward ihm erlaubt, zweiundvierzig Monate lang so zu schalten (Apk 13, 5). Es öffnete sein Maul, um Gott zu lästern und Seinen Namen, Seine Wohnung und die Bewohner des Himmels zu lästern (Apk 13, 6). Auch ward ihm gestattet, mit den Heiligen Krieg zu führen und sie zu besiegen. Ja, es ward ihm Macht über alle Geschlechter, Stämme, Sprachen und Völker verliehen (Apk 13, 7). Alle Erdenbewohner werden es anbeten, deren Namen seit Anbeginn der Welt nicht geschrieben stehen im Lebensbuche des Lammes, das geopfert ist (Apk 13, 8).

Wer Ohren hat, der höre. Wer andere in Gefangenschaft führt, soll selbst in Gefangenschaft wandern. Wer andere mit dem Schwerte tötet, soll selbst mit dem Schwerte getötet werden. Da heißt es für die Heiligen Standhaftigkeit und Glaube« (Apk 13, 9–10).

»Noch ein anderes Tier sah ich aus dem Festland aufsteigen. Es hatte zwei Hörner wie ein Widder und redete wie ein Drache (Apk 13, 11). Es übt die ganze Gewalt des ersten Tieres unter dessen Augen aus und bringt die Erde und ihre Bewohner dazu, das erste Tier anzubeten, dessen Todeswunde geheilt ward (12). Es wirkt große Wunderzeichen. Sogar Feuer läßt es vor den Augen der Menschen vom Himmel auf die Erde fallen (13). Durch die Zeichen, die es vor dem Tiere wirken durfte, verführt es die Bewohner der Erde. Es redet nämlich den Bewohnern der Erde zu, ein Bild von dem Tiere zu machen, das die Schwertwunde hatte und am Leben geblieben war (14). Auch wurde ihm Macht gegeben, dem Bilde des Tieres Leben einzuhauchen, so daß das Bild des Tieres sprechen konnte und alle töten ließ, die das Bild des Tieres nicht anbeten wollten (15). Alle, groß und klein, reich und arm, frei und unfrei brachte es dazu, auf ihrer rechten Hand oder an ihrer Stirn ein Zeichen zu tragen (Apk 13, 16). Keiner sollte kaufen oder verkaufen dürfen, der nicht das Zeichen trug: den Namen des Tieres oder den Zahlenwert seines Namens (17). Hier braucht es Weisheit. Wer Verstand hat, berechne den Zahlenwert des Tieres; es ist die Zahl für einen Menschen. Die Zahl ist 666« (Apk 13, 18).

»Da sah ich ein Weib; das saß auf einem scharlachroten Tiere voll gotteslästerlicher Namen, mit sieben Köpfen und zehn Hörnern (Apk 17, 3). Das Weib war in Purpur und Scharlach gekleidet und mit Gold, Edelsteinen und Perlen reich geschmückt. In ihrer Hand hielt sie einen goldenen Becher voll ihrer greulichen, schmutzigen Buhlerei (4). Auf ihrer Stirne trug sie einen geheimnisvollen Namen: ›Das große Babylon, die Mutter der Buhlerinnen und der Greuel der Welt‹ (5). Ich sah das Weib trunken vom Blut der Heiligen und der Blutzeugen Jesu. Großes Staunen erfaßte mich, als ich sie sah (6).

Da sprach der Engel zu mir: ›Warum bist du erstaunt? Ich will dir Aufschluß geben über das Geheimnis des Weibes und des Tieres, das sie trägt und das die sieben Köpfe und die zehn Hörner hat (Apk 17, 7). Das Tier, das du gesehen hast, das war und ist nicht mehr. Doch wird es aus dem Abgrund aufsteigen und ins Verderben fahren. Beim Anblick des Tieres, das war, das nicht mehr ist und das wiederkommen wird, werden sich die Erdenbewohner verwundern, deren Namen nicht von Anbeginn der Welt im Buche des Lebens stehen (8). Hier braucht es Verstand samt Weisheit.

Die sieben Köpfe bedeuten sieben Berge, auf denen das Weib thront, und sie bedeuten sieben Könige (9). Fünf sind dahingesunken, einer besteht noch, der andere ist noch nicht da. Wenn er aber kommt, ist ihm nur kurze Zeit vergönnt (10). Das Tier, das war und nicht mehr ist, ist seinerseits der achte. Es geht aus den sieben hervor und fährt ins Verderben (11). Die zehn Hörner, die du sahst, bedeuten zehn Könige. Sie sind noch nicht zur Herrschaft gekommen, aber sie haben für eine Stunde königliche Macht zusammen mit dem Tier (12). Sie sind gleichen Sinnes und leihen dem Tier ihre Macht und Gewalt (13). Sie werden mit dem Lamme Krieg führen. Doch das Lamm wird sie besiegen – denn es ist der Herr der Herren, der König der Könige – und mit ihm die Berufenen, Auserwählten und Getreuen (14).

Weiter sprach er zu mir: ›Die Wasser, an denen du die Buhlerin sitzen sahst, bedeuten Völker und Stämme, Geschlechter und Sprachen (Apk 17, 15). Die zehn Hörner, die du sahst, und das Tier, die werden die Buhlerin hassen und sie einsam machen und nackt; ja, sie werden ihr Fleisch verzehren und sie im Feuer verbrennen (16). Denn Gott hat ihnen den Gedanken eingegeben, Seinen Ratschluß auszuführen und einmütig ihre Herrschaft so lange dem Tiere zu übertragen, bis Gottes Worte durchgeführt sind (17). Das Weib, das du sahst, ist die große Stadt, die die Herrschaft über die Könige der Erde führt‹« (Apk 17, 18).

Die bisher betrachteten, technisch-wissenschaftlichen Gegebenheiten zeigen eine ungewöhnlich strenge Ordnung in den Verkündigungen der Apokalypse. Alles ist eindeutig und streng logisch; nichts ist mehrdeutig und nichts unkonsequent. Warum sollte dies mit den Tieren und der Buhlerin anders sein?

Die Bilder der Tiere und der Buhlerin werden von der Apokalypse selbst erklärt (Apk 17, 7). Vor dem technisch-wissenschaftlichen Hintergrund wird diese Erklärung zur völligen Klarheit.

Damit fällt von diesen Bildern die Symbolhaftigkeit ab wie ein gelöster Schleier. Wie von selbst ergibt sich die ebenso einfache wie treffende Bedeutung dieser Bilder; trotz der überaus verwickelten Verhältnisse:

Tiere sind Streitkräfte (Apk 13, 4; 13, 9–10). Mit Aufrüstung und der Organisation von Streitkräften »steigen Tiere auf« (Apk 13, 1; 13, 11; 17, 8); mit ihrer militärischen Vernichtung »fahren sie ins Verderben« (Apk 17, 8). Deshalb spricht die Apokalypse auch meist nur von »dem Tiere« einfachhin; ohne Unterscheidung, welches. Wenn eben nur von der Militärmaschine als solcher die Rede ist; ohne Achtung ihrer konkreten taktischen oder strategischen Benutzung (Apk 14, 10–11; 16, 2; 16, 13; 17, 17; 19, 20). In der Apokalypse bildet »das Tier« ein Trigestirn zusammen mit »dem Drachen«, dem Teufel, der personifizierten Gottlosigkeit und Ablehnung Gottes, und zusammen mit »dem falschen Propheten«, den diesseitigen Orientierungen, Wertmaßstäben, Ideologien (Apk 16, 13). Die Tiere und falschen Propheten personifizieren sich in Menschen, die dem realen Dasein und Wirken dieser Mächte Gestalt und Geist geben; Geist in der Macht des Drachen.

»Köpfe« sind die Geschichte bestimmende Regierungsperioden, sind nacheinanderfolgende Konstitutionen; Geschichtsepochen, die durch hervorstechende Regierungsoberhäupter bestimmt und geprägt sind (Apk 17, 9–11). Im Bereiche des Tieres aus dem Meere sind es die Geschichtsepochen derjenigen Großmacht, der die Metropole zugehört, über welcher eben diese Weltstadt thront; derjenigen Großmacht, die für die Geschicke dieses Paktes entscheidend ist.

»Hörner« sind Machthaber (Apk 17, 12). Sitzen solche miteinander auf demselben Tiere, so haben sie sich miteinander in gemeinsamen Paktstreitkräften verbündet (Apk 17, 13; 17, 17).

Die »große Buhlerin« hat den Namen »Babylon« in geheimnisvoller Weise, als symbolischen Namen. Sie gehört einer anderen Zeit, der Endzeit an. Sie ist die »große Stadt, die die Herrschaft über die Machthaber der Erde führt« (Apk 17, 18); die wirtschaftliche Herrschaft. Sie ist die reiche Stadt, mit der die

»Machthaber der Erde geschwelgt« haben (Apk 18, 9), nachdem diese Stadt den Lebensstandard zum Maßstab aller Dinge gemacht hat. Sie ist die Metropole einer freien Wirtschaftsgroßmacht, getragen von dem Tiere mit den zehn Hörnern und den sieben Köpfen: Die Kaufleute klagen nach deren Vernichtung um ihren verlorenen Handel, denn »niemand kauft mehr ihre Waren ab« (Apk 18, 11–16). Sie ist eine Seestadt am Meer, denn die Schiffer sehen den Rauch ihrer Vernichtung und klagen um den verlorenen Reichtum der Reeder (Apk 18, 17–19). Sie ist »die Mutter der Buhlerinnen, der Greuel der Welt« (Apk 17, 5), die mit ihrer Unzucht die Welt betört hat. Babylon und Rom sind die antiken Vorläufer dieser Stadt, die nie und nirgends ihresgleichen hat: »Wo war eine Stadt so groß wie diese?« (Apk 18, 19).

Gibt es diese Stadt schon heute? – und wer könnte es wagen, ihren Namen zu nennen, damit die Stimme vom Himmel befolgt werden könne: »Zieht weg aus ihr, mein Volk, damit ihr an ihren Sünden nicht teilnehmt und von ihren Plagen nicht mitbetroffen werdet« (Apk 18, 4).

Die Buhlerin reitet auf einem Tier; unter der Bedeckung dieser Streitkräfte entfaltet sie über die Erde ihre gewaltige wirtschaftliche Macht, die ihren Reichtum begründet und deretwegen sie umbuhlt wird (Apk 17, 4). Dieses gottlästernde Tier der Buhlerin hat zehn Hörner und sieben Köpfe (Apk 17, 3), ebenso viele Hörner und Köpfe wie das »Tier aus dem Meere« – und ebenso viele wie der Drache. Die Ähnlichkeit mit dem Drachen gibt keinen sichtbaren Aufschluß; wohl aber diese Ähnlichkeit zwischen diesen »beiden« Tieren: Sie gehören geschichtlich zusammen; sie gehören dem gleichen politischen Raume an; sie folgen mit ihren Konstitutionen aufeinander. Es ist überhaupt ein und dasselbe Tier; nur zu verschiedenen Zeiten. Die Apokalypse verkündet dabei die genaue zeitliche Ordnung:

Die Vernichtung der Buhlerin erfolgt noch vor der Entvölkerung der Erde (Apk 14, 14 bis Apk 16, 21), denn sonst würden danach keine Kaufleute und Schiffer mehr herumstehen (Apk 18,

15; Apk 18, 17). Die Vernichtung der Buhlerin erfolgt sogar noch vor der Aufforderung, Gott anzuerkennen, und vor der Drohung gegen die Anbeter des Tieres, denn sonst könnte hierbei nicht auf bereits erfolgte Vernichtung der Buhlerin mahnend hingewiesen werden (Apk 14, 8). Die Vernichtung erfolgt überhaupt schon anläßlich des nuklearen Schlages zu Beginn des Vernichtungskrieges gegen die Städte. Nachdem die Metropole sich hochmütig im Glanze ihres Reichtums zur Herrscherin erhoben und trügerisch auf die sie umbuhlenden Machthaber vertraut hatte (Apk 18, 7), erfolgt die Vernichtung innerhalb einer einzigen Stunde (Apk 18, 10; Apk 18, 17; Apk 18, 19); eben innerhalb der Zeit, die zwischen dem haßerfüllten Vernichtungsbeschluß und dem Geschoßeinschlag verstreicht.

Auf die Zeit vor der Vernichtung der Buhlerin, noch auf die Zeit der Posaunenstöße greift der Engel zurück, der dem Verfasser der Apokalypse dies Teilgeschehen zeigt und die Bilder kommentiert:

»Das Tier, das du gesehen hast, das war und ist nicht mehr« (Apk 17, 8). – Mit einem entsetzlichen Überraschungsangriff sind die Streitkräfte dieses Paktes vernichtet worden; wahrscheinlich im Rahmen einer ersten Phase des Krieges, wie sie die ersten sechs Posaunen ankündigen. Diese Vernichtung der Streitkräfte des Paktes des Tieres aus dem Meere ist allerdings nur vorübergehend, denn sie formieren sich neu: Doch es wird wieder aus dem Abgrund aufsteigen und ins Verderben fahren. Beim Anblick des Tieres, das war, nicht mehr ist und das wiederkommen wird, werden sich die Erdenbewohner verwundern, deren Namen nicht von Anbeginn der Welt im Buche des Lebens stehen (Apk 17, 8; ebenso die gleiche Stelle Apk 13, 8). Wegen dieser vorübergehenden Vernichtung der Streitkräfte dieses Raumes heißt es vom Tier aus dem Meere: »Einen von seinen Köpfen sah ich wie zu Tode verwundet. Aber seine Todeswunde heilte wieder« (Apk 13, 3). Und an anderer Stelle heißt es deshalb von diesem Tiere, von diesen speziellen Streitkräften: »das die Schwertwunde hatte« (Apk 13, 14).

Vor der vorübergehenden militärischen Vernichtung, vor dem Erhalt der Schwertwunde, als Reitgaul der Buhlerin (Apk 17, 3—4), ist dieses Tier noch scharlachrot: Mehr dem wirtschaftlichen Glanze und fieberhafter Sucht nach Wohlergehen verfallen als dem Verlangen nach Stärke. Nach seinem Wiederkommen ist es aber von der Beweglichkeit des Panthers, von der Schlagkraft des Bären und der Freßlust des Löwen (Apk 13, 2): Ein trunkener Riese, den das nukleare Feuer zu wütender Gewalttat aufgeschreckt hat.

Von dem scharlachroten Tiere ist zwar noch keine Verfolgung derer berichtet, die das Lamm, die Christus verehren — und es könnte gut einem christlichen Land entstammen. Auch sind in keiner Stadt der Welt allein die Zeugen Jesu dahingemordet worden, sondern alle Städte und Staaten haben teil an dieser Blutschuld (Apk 17, 6). Aber die Schwelgerei, Buhlerei und Selbstherrlichkeit ist der Urfeind derjenigen, die diesem die Armut, die Keuschheit und den Gehorsam des Reiches Gottes gegenüberstellen.

Heute mag es diesem scharlachroten Tiere aus dem Meere noch genehm sein, die christliche »Idee« sich zum Aufbau seiner Kriegsmacht und »zur Verteidigung des Christentums« dienen zu lassen; als »ideologisches Gegengewicht« zur pseudo-messianischen Kraft des Tieres aus dem Festland. Aber welcher Fratze werden die Christen ins Antlitz schauen, wenn sie einmal der ungehemmten Gewalttat dieses Tieres im Wege stehen und der Christ den Interessen dieses Tieres nicht mehr dienen kann? Der Fratze des Geistes, der mit Lebensstandard und Sexappeal die Welt betört (Apk 13, 7). »Hütet euch vor den falschen Propheten! Sie kommen in Schafskleidern zu euch, innen aber sind sie reißende Wölfe. An ihren Früchten sollt ihr sie erkennen« (Mt 7, 15—16).

Es sind falsche Messias, die die Lehre Christi mit ihren Ideologien zu ersetzen trachten, und es sind falsche Propheten, die das Reich Christi als Mordbrenner zu verteidigen vorgeben; keine Nachfolger des Lammes, die ihre Gewänder im Blute des Lammes weißgewaschen haben; im Blute des Lammes, das vergossen wurde zur Erlösung der Welt. Christus kennt die Verführungskraft der endzeitlichen Mächte: »Es werden falsche Messias und falsche Propheten auftreten und Zeichen und Wunder wirken, um womöglich selbst die Auserwählten irrezuführen. Seid also auf der Hut! Seht, ich sage euch alles voraus« (Mk 13, 22; vgl Apk 13, 13).

Nacht und Irrtum ist die Rede des Tieres aus dem Festland, »das redet wie ein Drache« (Apk 13, 11); – wie der Teufel selbst vor seinem Fall: »Du existierst nicht, Herr und Unbekannter; meine Ideologien haben dies bewiesen. Du, von dem die Materie spricht, die sich selbst gefunden hat, bist nicht. Wir morden und brennen, um die anderen zu vernichten und um unsere Heilslehre über die ganze Welt auszubreiten; wir, die Gestalter der Erde und all ihrer Geschicke; wir, das Maß aller Dinge; wir, die höchste Instanz über alles Seiende.«

Aber »hochtrabend und lästerlich« ist es, vor den ewigen Richter in Seiner Allmacht und Herrlichkeit hintreten zu wollen: »Herr, wir morden, um Dein Recht auf Erden zu wahren und der Welt Deinen Frieden zu bringen; Herr, wir bringen Dein Feuer über unsere Brüder zu Deinem Glanze; Herr, wir verbünden uns mit solchen Taten in Deinem Dienste; und, Herr, all denjenigen, die uns dies in Deinem Namen tun sehen, mag durch uns verwehrt sein, Dich als Gott der Liebe und des Friedens zu erkennen, denn nur uns hast Du erkoren als Erben Deines Reiches (Apk 13, 5–6). Die Nuklearenergie, die Du uns gegeben hast, sichert uns die Herrschaft über die Erde« (Apk 13, 7). Dies ist die Rede des Tieres aus dem Meere und der Geist des Drachens; nicht der Geist des Lammes, das geopfert ist (Apk 13, 8). Der Drache hat dem Tier aus dem Meere die Gewalt übertragen (Apk 13 ,2); nicht die »Trinity«. Und die Physiker, wie Slotin, die die kritische Masse jener ersten Bombe einstellten, nannten dies treffend, »den Drachen am Schwanz kitzeln«. Erschreckend klingen die Worte Oppenheimers, des Entwicklungschefs des A-Bomben-Projekts der USA: »Wir haben die Arbeit des Teufels getan.«

Gott dingt keine Mordbrenner und stützt Seine Macht nicht auf Maschinen und Bomben. Seine Macht ist die ewige Gerechtigkeit die der Schöpfung als ein Gesetz mitgegeben ist, nach welchem sich das Böse gegenseitig, das Böse in sich vernichtet. Die wahre Liebe ist nur bei Gott. Die Liebe vereint, und der Haß entzweit. Und so besteht auch die Hölle darin, daß sich die Teufel im Haß gegenseitig verurteilen, strafen und quälen; ganz unproblematisch: Wer Gott absagt und dort mitmacht, ist dann auch in ihr. »Wer nicht glaubt, der ist schon gerichtet« (Jo 3, 18).

Gewiß stehen die beiden Tiere als todfeindliche Gegner zueinander – und doch sind sie eines Wesens: zwei etwa symmetrische Elemente in einem geschlossenen, sich selbst erregenden, weltumspannenden Schleifensystem (vgl Lk 21, 35). Und genauso erscheinen sie auch in der Apokalypse: Nicht als Feinde und nicht als Freunde, sondern einfach als zusammenwirkende, zusammengehörige, satanische Mächte, als zwei einander bedingende und ergänzende Instrumente endzeitlicher Vernichtung (Apk 14, 14–20). Sie erscheinen als Werkzeug einer übergeordneten teuflischen Absicht, Machtblöcke vergleichbarer Schlagkraft zu bilden mit dem Ziele, in einer allseits vernichtenden Katastrophe möglichst viele Menschen zu Fall zu bringen; eine Absicht, der heute die Weltmächte in blinder Selbsttäuschung dienen, und ein Ziel, das in unseliger Verblendung verwirklicht wird. Mit allen Mitteln modernster Meinungsbildung wird eine Unterscheidung »hier gut, drüben schlecht« selbstgerecht verkündet, pausenlos eingehämmert und werden die Gegensätze immer unüberwindbarer vertieft; eine rein diesseitige Orientierung, hier wie drüben. In der Sicht der Offenbarung ist dies alles »die Verführung« zur diesseitigen Interessenbindung – ohne wesensgemäßen Unterschied, ob hier oder drüben – und zur Parteinahme innerhalb eines allumfassenden, diabolischen Machtkreises.

Die endzeitliche Entscheidung fällt nicht zwischen diesem Tier und jenem; nicht zwischen West und Ost; sie fällt nicht zwischen einem sogenannten »christlichen« Tier und einem »antichristlichen«. Vor Gottes Antlitz weicht alles Böse und mit diesem alle diejenigen Unterscheidungen, die der Geist der Zwietracht unter seinen Anbetern aufrichtet. Die endzeitliche Entscheidung fällt zwischen »dem« Tiere und dem Lamme in der Höhe; in einer

Unterscheidung, die Gott selbst unveränderlich gezogen hat (Apk 14; Apk 19).

Statt Gott beten die Menschen das Tier und dessen Geist, den Drachen, an, indem sie nicht auf die Macht Gottes, sondern auf die Schlagkraft ihrer Waffen bauen: »Die ganze Welt folgte dem Tiere voll Bewunderung und betete den Drachen an, weil er dem Tiere die Gewalt übertragen hatte. Sie betete das Tier an und sagte: ›Wer ist dem Tiere gleich, wer vermag mit ihm zu streiten‹« (Apk 13, 4).

Freilich kann man sagen – vielen klingt es vernünftig –, daß dem Antichristen mit allen zur Verfügung stehenden Mitteln begegnet werden müsse; auch die nuklearen Waffen seien von Gott in unsere Hände gegeben, um die Verkündigung Seiner Offenbarung zu sichern. Aber über allem menschlichen Argumentieren steht die Offenbarung des Geheimen Ratschlusses Gottes. Wenn die Zeit des 7. Siegels offenkundig ist, versinkt alles Theologisieren in Bedeutungslosigkeit vor dem bedingungslosen Gehorsam gegenüber dem Worte Gottes. Jeder, der dann noch zur Anbetung der Tiere verleitet oder diesen dient, demaskiert sich damit als verworfener Verführer; wer immer es auch sein mag und kraft welcher Autorität er auch immer zu sprechen vorgibt. Wenn diese beiden Tiere auftreten, bleibt uns nichts als das Bemühen, den Versuchungen standzuhalten, die von diesen beiden Tieren ausgehen (Apk 14, 11). Die angekündigten Versuchungen sind ebenso verschieden, wie die beiden Tiere selbst verschieden sind:

Hinsichtlich des Tieres aus dem Festland, dessen Macht auf eine Ideologie gegründet ist, verurteilt es Gott, dessen Organisationen im Handeln (rechte Hand) oder Denken (Stirn) beizutreten; etwa um dessen Zwangsmaßnahmen gegen Nichtgenossen zu entgehen: »Keiner sollte kaufen oder verkaufen können, der nicht das Zeichen trug« (Apk 13, 17). Dagegen gerade hinsichtlich des Tieres aus dem Meere verurteilt es Gott, mit seinem Anliegen auf dessen Streitkräfte zu bauen und sich durch dessen hochtrabende Reden zur Anteilnahme bringen zu lassen: »Wer Ohren hat, der höre. Wer andere in Gefangenschaft führt, soll selbst in Gefangenschaft wandern. Wer andere mit dem Schwerte tötet soll selbst mit dem Schwerte getötet werden. Da heißt es für die Heiligen Standhaftigkeit und Glaube« (Apk 13, 9–10). Diese Rede folgt dabei unmittelbar dem Hinweis auf das »Lamm, das geopfert ist« – und ist auch die genaue Rede Christi bei Seiner Gefangennahme: »Stecke dein Schwert in die Scheide. Alle, die zum Schwerte greifen, kommen durch das Schwert um« (Mt 26, 52). Und in welcher Zeit sollte diese Rede je mehr Sinn haben als in der Endzeit; bei der Gefangennahme aller, die Christus nachfolgen.

Eine ganz andere Frage ist es dabei freilich, ob die Kirche in der Endzeit nicht trotzdem und vielleicht erst recht um die geistige Betreuung der Angehörigen dieser Tiermächte bemüht sein muß. Den Menschen darf die Kirche wohl helfen, aber dabei diesen Mächten nicht dienen; sich nicht an deren Organisationen beteiligen und nicht moralisch Schützenhilfe leisten. Wenn Gott in der Endzeit diese Möglichkeiten der Hilfeleistung überhaupt noch zuläßt, wenn die Besiegelung eben noch nicht abgeschlossen ist, dann ist dies eine Aufgabe, die übermenschlicher Hilfe bedarf.

Beachtet man die Apokalypse, so tritt alles menschliche Überlegen, Denken und Argumentieren zurück vor der Kernfrage: Welches ist die Zeit dieser beiden Tiere, für die die Offenbarung dieses spricht? Was sind das für zwei Tiere, und stehen diese Tiere vielleicht schon heute Aug in Aug einander gegenüber? Welche Kennzeichen werden von der Apokalypse für das Tier aus dem Meere und für das Tier aus dem Festland angekündigt, damit man diese wirklich auch erkenne?

Solange das Tier aus dem Meere noch scharlachrot über die Bühne der Weltgeschichte wandelt, trägt es einen Staat mit Freiwirtschaft. Nach Vernichtung der reichen Metropole klagen die Kaufleute um ihren privaten Handel, mit dem sie »von ihr reich geworden sind« (Apk 18, 15). Nach der raubtierhaften Wiederkehr dieses Tieres aus dem Meere ist nicht mehr von seiner Wirtschaftsform berichtet: Das Wirtschaftliche tritt zurück im Abrollen der endzeitlichen Katastrophe.

Im Gegensatz zur Freiwirtschaft des Tieres aus dem Meere

steht die Zwangswirtschaft des Tieres aus dem Festland: »Alle, groß und klein, reich und arm, frei und unfrei, brachte es dazu, auf ihrer rechten Hand oder an ihrer Stirne ein Zeichen zu tragen. Keiner sollte kaufen oder verkaufen dürfen, der nicht das Zeichen trug« (Apk 13, 17); das Parteiabzeichen; das Zeichen der staatlichen Organisation.

Das Tier aus dem Meere ist aus einer langen, steten Geschichte mit vielen Konstitutionen (7 Köpfe) hervorgegangen; das scharlachrote Tier hatte schon die fünfte. Die sechste Konstitution (Kopf mit der tödlichen Schwertwunde) fällt in die Zeit, da die Streitkräfte zerschlagen daniederliegen; in die Zeit der Schau des Engels. Unter einer siebten Konstitution erfolgt ein gewaltiges Wiedererstarken der Streitkräfte. Aber diese 7. Konstitution dauert nicht lange, sondern es erwächst nun – beinahe selbstverständlich – aus diesen geschichtlichen Konstitutionen etwas ganz anderes (Apk 17, 10). Die gewaltige Macht der wiedererstandenen Streitkräfte und der Notstand des Nuklearkrieges führt fast zwangsläufig zur Militärdiktatur: Also ist in diesem naheliegenden Falle tatsächlich das Tier selbst sein eigener achter Kopf (Apk 17, 11). Doch auch diese Streitkräfte erleiden die Vernichtung; im Rahmen der Entvölkerung der ganzen Erde.

Das Tier aus dem Festland stützt sich dagegen nicht auf eine lange Geschichte. Es stieg auf innerhalb einer einzigen Konstitution (ein Kopf). Es ist geboren aus der Revolution; es geht nicht aus älteren Konstitutionen hervor.

Das Tier aus dem Meere ist die Verbündung der Streitkräfte einer größeren Zahl unabhängiger Machthaber (zehn Hörner) verschiedener Völker und Sprachgebiete; verschiedener Nationen, die der Metropole und ihrem Lebensstandard nahestehen (Apk 17, 15). Die Machthaber dieser Nationen, die im Höhepunkt des Geschehens mit dem Wiedererstarken der Militärmacht dieses Paktes zur Herrschaft gelangen, setzen sich mit brutaler Gewalt über die Gebote Christi hinweg, bekämpfen und überwinden die Widerstände gegen die Entfaltung ihrer Macht (Apk 13, 7; Apk 17, 14). Naturgemäß hassen die Militärmachthaber, die alle Mittel für ihre Streitkräfte fordern, den Luxus und die Ausschweifung, wie sie die Metropole verkörpert. Immer mehr ziehen die Machthaber ihre Institutionen aus der gefährdeten Stadt ab und schieben gerade jene der Annehmlichkeit und Wohlfahrt dienenden Unternehmungen zur Seite, welche die Metropole geprägt und sie mit ihrem sagenhaften Reichtum umkleidet haben. Vielleicht wird dabei eine noch tiefergreifende Isolierung dadurch veranlaßt, daß diejenige Bündnisgroßmacht, deren Wirtschaft und Lebensart sich eben in der gewaltigen Metropole verdichtet, räumlich weiter abseits liegt und dadurch naturgemäß in ihren Interessen und Konzeptionen innerhalb des Bündnisses eine Sonderstellung einnimmt. Unvorstellbare Rüstungsanstrengungen zehren an der wirtschaftlichen Substanz; in einer Rüstung, die die Gefahr der Vernichtung der mächtigsten und reichsten Stadt der Erde heraufbeschwört, die dann auch im Feuer eines militärischen Schlages (dh eben des Tieres einfachhin) untergeht (Apk 17, 16). Also ein gegnerisches Geschoß vollzieht die Vernichtung? Für Gott ist die Ursache der Katastrophe der Abfall von Seinem Gebot und die Anbetung irdischer Mächte auf der ganzen Erde; nicht der Fingerdruck irgendeines Bill oder Iwan. Die konkrete Veranlassung für die Katastrophenauslösung sind die Machthaber im Bereich des Tieres aus dem Meere (Apk 17, 12) selbst, indem sie mit ihrem Planen das Gericht Gottes über sich und die Welt bereiten (Apk 17, 14) und den Vollzug des göttlichen Willens (Apk 17, 17), den Untergang der beherrschenden Weltstadt verursachen (Apk 17, 18): Aus der einmütigen Aufstellung einer gemeinsamen Streitkraft bildet sich sehr kurzfristig eine Militärmacht mit souveräner Gewalt (Apk 17, 13), die sofort den gegnerischen Vernichtungskrieg herausfordert; einen plötzlichen Schlag der gewaltigen Streitmacht des Tieres aus dem Festland, unter dessen furchtbarem Druck sich eben die Machthaber so verschiedenartiger Nationalitäten zusammenschließen (Apk 13, 12).

Das Tier aus dem Festland ist dagegen die Verbündung der Streitkräfte von zwei unabhängigen Machthabern (zwei Hörner). Als Herrscher über zwei kontinentale Riesenreiche können diese sehr wohl ein Machtgleichgewicht mit den zehn Machthabern des anderen Tieres darstellen; auch wenn die anderen Regierenden im Raume dieser beiden kontinentalen Machthaber abhängige Marionetten sind, auf welche im Endkampf nicht sicher zu rechnen ist.

Erst steigt das Tier aus dem Meere auf; dann erst das Tier aus dem Festland. Das Tier aus dem Festland übt die ganze Gewalt wie das Tier aus dem Meere aus; unter dessen (entsetzten!) Augen (Apk 13, 12). Es übernimmt also diese Gewalt, die erst nur dem Tier aus dem Meere eigen war (Atomspionage?) – und wirkt eben in dieser übernommenen Gewalt große Wunderzeichen (vgl Mk 13, 22): »Sogar Feuer läßt es vor den Augen der Menschen vom Himmel auf die Erde fallen« (Apk 13, 13) – und fasziniert betrachten die Beobachterstäbe und mit ihnen die ganze Welt das vom Himmel auf die Erde gestrahlte Feuer der nuklearen Machtdemonstrationen der zweiten Nukleargroßmacht. Diese Gewalt des Tieres aus dem Festland und die Bedrohung, die davon für die Völker ausgeht, bringen diese eben dazu, sich dem Tiere aus dem Meere anzuschließen und diesem zu vertrauen (Apk 13, 12). Mit dem Nachweis der selbständigen Nukleargroßmacht regt das Tier aus dem Festland auch andere Nationen an, selbst Streitkräfte nach dem Ebenbild des Tieres aus dem Meere (ebenfalls nuklear bewaffnet) aufzustellen (Apk 13, 14). Doch diese Streitkräfte entwickeln sich zur selbständigen Macht, die ebenfalls jeden ihres Machtbereiches töten läßt, der ihren Interessen widersteht (Apk 13, 15–16).

Der Zahlenwert 666 des Namens des Tieres, der einen Menschen bezeichnet (Apk 13, 18), ist gleich dem Zahlenwert (vgl S. 93) des durch Menschenmacht bereiteten Geschehens: die sechs ersten Siegel, die sechs ersten Posaunen im 7. Siegel und die sechs ersten Schalen in der 7. Posaune; das gigantische dreistufige Triebwerk hinzielend auf das Ereignis der 7. Schale, die den Untergang der Menschheit besiegelt. 666 ist der Zahlenwert des Tieres einfachhin, der Zahlenwert der Streitkräfte, die mit dem verderbenbereitenden, insbesondere in der Rüstung verkörperten Treiben der Menschen aufsteigen. 666 ist die Zahl für einen Menschen, der teilnimmt und gezeichnet ist von solchem Treiben, das herauswachsend aus den fortgesetzten Untaten der ganzen bisherigen Geschichte (erste sechs Siegel), das fortschreitend über eine wahnsinnige Nuklearkriegsführung (erste sechs Posaunen), das gipfelnd in einer teuflischen Ausartung menschlichen Tobens (erste sechs Schalen), das Gericht der 7. Schale herbeiführt und vollendet. Bei den Mächten der Welt hat dieses Treiben, hat insbesondere die Rüstung wirtschaftlichen Vorrang (Apk 13,17). Aber Gott verurteilt diejenigen, die von diesem Treiben und dessen Zahl 666 gezeichnet sind; ebenso wie diejenigen, die mit ihren Anliegen auf die Streitkräfte bauen oder den gottlosen Ideologien anhängen.

Doch was bedeutet »aus dem Meere« und »aus dem Festland«?!

Eine typische Seemacht bildet ein Staat, der auf beiden Flanken von den Ozeanen der Erde umspült wird und nur über das Meer mit den anderen Staaten in Verbindung treten kann. Die typischen Paktstreitkräfte des Meeres bilden sich aus solchen Staaten, die sich zueinander um ein Meer gruppieren. Vielleicht kennen die Initiatoren dieses endzeitlichen Paktes die Apokalypse so wenig oder glauben sie so wenig, daß sie diesen Pakt sogar unbekümmert nach dem Meere nennen, aus dem dieses »Tier aus dem Meere« eben aufsteigt.

Eine typische Landmacht bildet dagegen ein Staat, den man schon immer als »Kaftan mit zugenähten Ärmeln« zu bezeichnen pflegt. Dies ist ein Staat, der nur an monatelang vereiste Teile des Weltmeeres und an geschlossene Binnenmeere angrenzt, der aber auf dem Landwege mit den meisten und größten Völkern der Erde in Verbindung steht.

Zeit und Ziel

Wir leben heute in der Zeit des 6. Siegels. Die Ereignisse des 7. Siegels sind mit ihrer permanenten Drohung bereits potentiell gegenwärtig – und fordern gebieterisch die Entscheidung.

Überwältigend ist die Klarheit und Eindeutigkeit, mit der die derzeitigen technischen Gegebenheiten und wissenschaftlichen Erkenntnisse sich mit den sechs ersten Posaunen und den sechs ersten Schalen der 7. Posaune decken. Mit wenigen, unvergleichlich treffsicheren Worten sind die vielen charakteristischen Besonderheiten gekennzeichnet. Kein einziges überflüssiges Wort findet sich; kein Wort, das nicht einen wesentlichen Tatbestand ankündigt. Aber auch kein einziger wesentlicher Tatbestand ist ausgelassen; kein Tatbestand, dessen wesentliches Mitwirken darüber hinaus zu erwarten wäre. Und ist es mit der Ankündigung der Weltmächte anders?

Dabei würden schon sehr geringe Änderungen des Wortlautes der Apokalypse diese scharfe Übereinstimmung mit den Tatbeständen vollständig verwässern. Mit je weniger Worten eine Beschreibung einen Inhalt ausdrückt, und je vielseitiger und charakteristischer sich ein solcher Inhalt vom Sonstigen abhebt, um so genauer müssen deren Worte treffen, und um so empfindlicher reagiert sie auf jegliche Änderungen.

Technische Tatbestände und wissenschaftliche Erkenntnisse sind gleichsam der Untergrund der Einsicht in die Apokalypse. Auf dieser Grundlage betrachtet, schenken die Verkündigungen und Erklärungen der Apokalypse einen Einblick in den Höhepunkt der Weltgeschichte von gewaltiger Macht und kristallner Klarheit. Ohne jede Problematik und ohne irgendeine zusätzliche Erklärung zu erfordern, erscheint das Geschehen vor unseren Augen; ebenso konkret abgefaßt wie etwa vorne (Apk 2 und Apk 3) die sieben Sendschreiben.

Die gesamte Apokalypse zeigt in der Nacheinanderfolge ihrer Berichte eine ganz gewisse, strenge, zeitliche Ordnung. Das gesamte Endgeschehen, das mit Einleitung, Höhepunkt und Schlußakt unter das 7. Siegel fällt, ist hingerichtet auf die 7. Posaune, die sich ihrerseits mit der 7. Schale vollendet. Der gewaltige Zeitplan, nach dem sich ein überaus vielseitiges Geschehen vor unseren Augen öffnet, entspricht genau unserem natürlichen Empfinden von Grund und Folge:

Erstes Teilgeschehen:

Solange die Auslösung des nuklearen Schlages noch nicht erfolgt ist, ist das Endgeschehen des 7. Siegels nicht nahe und nicht ferne; es kann jeden Augenblick hereinbrechen – und es kann für geschichtliche Zeiten vorübergehen. Die gesamte bisherige Weltgeschichte erfährt ihre Erfüllung in der Endzeit erst mit der aktuellen Auslösung des nuklearen Schlages. Deshalb beginnt die Ankündigung des Endgeschehens des 7. Siegels mit den ersten sechs Posaunenstößen samt deren Sofortwirkungen bis zum 7. Posaunenstoß (Apk 8 bis Apk 11):

Das 7. Siegel wird im Himmel geöffnet, und Gott erhört die Gebete der Heiligen. Das Endgeschehen mit seinen sieben Posaunen kommt ins Rollen:

»Als das Lamm das siebte Siegel geöffnet hatte, entstand im Himmel eine Stille, wohl eine halbe Stunde lang. Ich sah, wie den sieben Engeln, die vor Gott stehen, sieben Posaunen gegeben wurden. Dann kam ein anderer Engel und trat mit einem goldenen Rauchfaß vor den Altar. Ihm wurde viel Räucherwerk gegeben, damit er es mit den Gebeten aller Heiligen auf den goldenen Altar vor dem Throne lege. Der Duft des Räucherwerks stieg mit den Gebeten der Heiligen zu Gott empor. Da nahm der Engel das Rauchfaß, füllte es mit Feuer vom Altar und warf es auf die Erde. Da erfolgten laute Donnerschläge, Blitze und Erdbeben. Und die sieben Engel machten sich bereit, in die Posaunen zu stoßen« (Apk 8, 1–6).

Es folgen die sechs Posaunenstöße, die eben genau die Ereignisse der nuklearen Schläge eines Großangriffes und die folgende Luft- und Landkriegführung darstellen (Apk 8, 7 bis Apk 9, 19).

Auf den 6. Posaunenstoß folgt das Niedersteigen (Apk 10, 1–4) des mächtigen Engels mit dem offenen Büchlein und seinem Schwur (Apk 10, 5–7). Das offene Büchlein dieses Engels muß der Verfasser der Apokalypse schlucken; es ist süß im Munde, aber bitter im Magen (Apk 10, 8 bis Apk 11, 14). Mit dem Erscheinen des mächtigen Engels ist das Geschehen noch nicht zu Ende, sondern es muß noch ein umfangreiches Geschehen verkündet werden. Es ist süß, das Wort von der Macht und Herrlichkeit Gottes zu verkünden, aber bitter, es zu verdauen und dessen Geschehnisse zu ertragen.

Im Anschluß daran – aber noch innerhalb des mit dem 6. Posaunenstoß beginnenden zweiten Wehs — wird die Preisgabe der »heiligen Stadt« für 42 Monate (3½ Jahre) an die Ungläubigen und das Auftreten zweier »Zeugen« während 1260 Tagen (3½ Jahren) und deren Besiegung durch das mittlerweile aufgestiegene »Tier« angekündigt; künftige Vorgänge nach den nuklearen Schlägen, die derzeit noch nicht faßbar sind (Apk 10, 8 bis Apk 11, 14). Danach erfolgt »bald« der 7. Posaunenstoß:

»Der siebte Engel stieß in die Posaune. Da ließen sich im Himmel laute Stimmen vernehmen, die riefen: ›Die Herrschaft über die Welt gehört unserem Herrn und seinem Gesalbten. Er wird herrschen von Ewigkeit zu Ewigkeit (Amen).‹ Und die vierundzwanzig Ältesten, die vor Gott auf ihren Thronen sitzen, warfen sich auf ihr Angesicht, beteten Gott an und sprachen: ›Herr, allmächtiger Gott, der Du bist und der Du warst (und der Du kommen wirst), wir danken Dir, daß Du Deine gewaltige Macht und die Herrschaft übernommen hast. Die Völker zürnten. Aber da kam Dein Zorn und die Zeit, über die Toten Gericht zu halten und Deine Knechte zu belohnen: die Propheten, die Heiligen und die Deinen Namen fürchten, klein und groß, und zu verderben, die die Erde verderben.‹ Da öffnete sich der Tempel Gottes im Himmel, und die Bundeslade wurde in seinem Tempel sichtbar. Blitze folgten, laute Donnerschläge, Erdbeben und starker Hagelschlag« (Apk 11, 15—19).

Damit mündet dieses auslösende Teilgeschehen der Posaunenstöße in das heilsgeschichtliche Gesamtgeschehen ein, gleichsam in dessen Flanke.

Gesamtgeschehen:

Mit der 7. Posaune tritt eine heilsgeschichtliche Auseinandersetzung zwischen Gut und Böse in den Höhepunkt, deren Wurzeln weit ausgreifen. Die Bedeutung einer Geschichte kommt zur Geltung, die uns teils diesseitig-zeitlich zurückführt, teils jenseitig-zeitlos gegenübertritt. Deshalb wird nun ein Geschehen verkündet, das schon aus vorchristlicher Zeit herankommt und mit dem Schlußakt der Auseinandersetzung in der 7. Schale endet (Apk 12 bis Apk 16):

Das herrliche Bild einer Frau in schweren Geburtsnöten wird vorgestellt, die ein männliches Kind gebiert, das als Herrscher der Welt auf Gottes Thron entrückt wird. Es vereinigen sich in diesem Bild die der Erlösung harrende Menschheit, die Mutter Christi und die Kirche. Diese Frau wird umlauert von einem »feurigen Drachen«. Dieser wird als der Teufel bezeichnet, der vom Himmel auf die Erde gestürzt worden war und der die ganze Welt verführt. »Doch wehe der Erde und dem Meere! Denn der Teufel ist zu euch mit gewaltigem Grimm hinabgestiegen. Er weiß, wie kurz seine Frist ist« (Apk 12, 1—12).

Auf die Erde gestürzt, verfolgt der Drache die Frau, der jedoch »zwei große Adlerflügel« gegeben werden, womit sie in die Wüste fliege, wo sie 3½ Jahre Aufenthalt und Nahrung findet. Ihr nachgeschleuderte Wasserfluten erreichen sie jedoch nicht mehr, sondern verschwinden in der Erde. »Da geriet der Drache in Zorn über die Frau und ging hin, um Krieg zu führen mit ihren übrigen Kindern, die Gottes Gebote beobachten und am Zeugnis Jesu festhalten« (Apk 12, 13—17). Die 3½jährige Preisgabe der heiligen Stadt (Apk 11, 2) deckt sich mit der 3½jährigen Flucht der »Frau«. Die zwei »Tiere«, zwei Kriegsmächte mit nuklearen Waffen, sind mittlerweile aufgestiegen, von denen auch die beiden Zeugen (Apk 11, 7) besiegt werden.

Die eine Nuklear-Macht steigt aus dem Meere auf, die andere aus dem Festland (Apk 13). Diese beiden Mächte sind die Träger des Endzeitgeschehens; in einer mörderischen gegenseitigen Bekriegung (Apk 14, 14—20). Die angekündigten Besonderheiten dieser Mächte spiegeln sich bereits erschreckend — wie ein böser Traum — im derzeitigen Geschehen. Christus und sein Gefolge steht erhaben über einem tierischen Wüten auf der Erde (Apk 14).

Zeitlich an dieser Stelle mündet das Teilgeschehen ein, das sich mit der gesondert verkündeten (Apk 18 und Apk 19) Vernichtung der bedeutendsten Stadt der Erde verbindet. Um diese Zeit ist das »große Babylon« bereits gefallen; vermutlich schon zu Beginn des Vernichtungskrieges.

Im übrigen toben die Ereignisse weiter; ein fortgesetztes Morden. Ein Engel mahnt nochmals zur Anerkennung Gottes; ein anderer Engel weist auf die bereits gefallene Weltstadt hin; ein dritter Engel droht der weiteren Anhängerschaft des Tieres. Und Heil für Gottergebenheit bis zum Tode wird verkündet:

»Ich sah einen anderen Engel hoch am Himmel fliegen. Der hatte den Erdenbewohnern, allen Völkern, Stämmen, Sprachen und Geschlechtern eine ewige Heilsbotschaft zu verkündigen. Er rief mit lauter Stimme: ›Fürchtet Gott und gebt Ihm die Ehre! Gekommen ist die Stunde Seines Gerichts. Betet Ihn an, der Himmel und Erde, Meer und Wasserquellen erschaffen hat.‹

Ihm folgte ein zweiter Engel, der rief: ›Gefallen, gefallen ist das große Babylon, das mit dem Glutwein seiner Buhlerei alle Völker berauscht hat.‹

Ihnen folgte ein dritter Engel, der mit lauter Stimme rief: ›Wer das Tier und sein Bild anbetet und dessen Zeichen an seiner Stirne oder an seiner Hand trägt, soll von dem Glutwein Gottes trinken, der unverdünnt in Seinen Zorneskelch eingeschenkt ist. Mit Feuer und Schwefel soll er vor den heiligen Engeln und dem Lamme gepeinigt werden. Der Rauch ihrer Qualen steigt auf in alle Ewigkeit. Tag und Nacht haben sie keine Ruhe, die das Tier und sein Bild anbeten und das Zeichen seines Namens tragen. Hier zeigt sich die Standhaftigkeit der Heiligen, die die Gebote Gottes und den Glauben an Jesus bewahren.‹

Und ich hörte eine Stimme vom Himmel (zu mir) sagen: ›Schreibe: Selig von nun an die Toten, die im Herrn sterben! Fürwahr, so spricht der Geist: Sie sollen ausruhen von ihren Mühen. Denn ihre Werke folgen ihnen nach‹« (Apk 14, 6—13).

Ein fortgesetztes Kriegswüten entvölkert die Erde. Vier Engel versinnbildlichen dies mit einer vollständigen Aberntung: Ein Engel in Gestalt eines Menschen und mit goldener Krone auf dem Haupte steht mit einer scharfen Sichel bereit. Von einem anderen Engel wird dieser mit lauter Stimme zur Aberntung der Erde aufgefordert, »denn die Frucht der Erde ist reif geworden«. Ein zweiter Engel mit einer scharfen Sichel »tritt hervor«. Dieser wird von noch einem anderen Engel, der »vom Altar her kam und Macht über das Feuer hatte«, zur Aberntung der Erde aufgefordert, »denn seine (des Weinstocks der Erde) Beeren sind reif«. »Die Erde wird abgeerntet und das Blut fließt hinauf bis an die Zügel der Rosse« (Apk 14, 14–20).

Dies ist in jeder Hinsicht überaus kennzeichnend: Der Mensch selbst vollzieht das Todesurteil über sich; veranlaßt durch die geistige Macht der himmlischen Gerechtigkeit. Zwei Sichelengel, zwei »Schwertmächte«, raffen die Menschen von der Erde; der Befehlshaber der einen Großmacht beginnt (Angriff), und die andere Großmacht tritt mit ein (Gegenschlag). Der auffordernde Engel kommt vom Altare und hat Macht über das Feuer, denn das Feuer vom Himmel, das kosmische Feuer der nuklearen Energie, fordert die Menschen heraus. Das Blut fließt bis an die Zügel der Rosse, denn die Kämpfenden waten im Blut, das auch die Armeeführungen nicht verschont.

Inzwischen sind die furchtbaren Folgen der Nuklearkriegführung herangereift. Während diejenigen, die dem Tiere widerstanden haben, im Himmel ihre Erlösung preisen (Apk 15, 1 bis Apk 16, 1), ergießen sich die sieben Schalen über die sterbende Welt (Apk 16, 2–21). Die ersten sechs Schalen bezeichnen genau die von der Wissenschaft erwarteten langfristigen Auswirkungen der Nuklearkriegführung und die langfristige Planung der Maßnahmen der Luft- und Landkriegführung.

Die 7. Schale bringt mit einem unvorstellbaren Schlußakt das Ende der Weltgeschichte (Apk 16, 17–21). Das Ende des Geschehens auf Erden wird aus der Nähe Gottes laut angekündigt:

»Der siebte Engel goß seine Schale in die Luft aus. Da klang eine laute Stimme aus dem Tempel vom Throne her: ›Es ist geschehen‹ (Apk 16, 17). Nun folgten Blitze, Donnerrollen und Donnerschläge, und ein starkes Erdbeben entstand, so furchtbar wie nie seit Menschengedenken. Die große Stadt fiel in drei Teile auseinander, und die Städte der Heiden sanken in Trümmer. So wurde des großen Babel vor Gott gedacht und ihm der Becher des Glutweins Seines Zornes gereicht (18–19). Alle Inseln verschwanden, und Berge waren nicht mehr zu sehen. Große, zentnerschwere Hagelstücke prasselten vom Himmel auf die Menschen nieder. Aber die Menschen lästerten Gott wegen der

Plage des Hagelschlages; denn diese Plage war ganz entsetzlich« (Apk 16, 20–21).

Dieser Schlußakt setzt nicht etwa zeitlich erst ein, nachdem die anderen Schalen und Posaunen beendet sind. Sondern er wächst aus diesen heraus und steigert sich zu ganz unvorstellbarem Toben. Blitze, Donnerrollen und Donnerschläge, Erdbeben und Hagelschlag werden angekündigt, die für keine andere Schale und keine andere Posaune angekündigt worden waren. Zugleich weist aber die ganze Geschichte auf diesen Schlußakt der 7. Schale hin: Mit dem 7. Posaunenstoß wird schon darauf hingedeutet (Apk 11, 19). Auch schon mit Öffnung des 7. Siegels wird darauf hingewiesen (Apk 8, 5). Eine überwältigend konsequente Ausrichtung des Geschehens wird dadurch offenkundig; genau wie die Zündung einer jeden neuen Stufe einer Langstreckenrakete auf die Erfüllung der Geschoßfunktion hinzielt (vgl S. 93 und S. 108).

Ja sogar schon das 6. Siegel bezeichnet – besonders eindringlich – die potentionelle Gegenwart des Schlußaktes (Apk 6, 12–17); die Mächte der Vernichtung sind schon sichtbar und bestimmend da, aber sind noch »festgehalten« (Apk 7, 1–3; entsprechend in der 6. Posaune: Apk 9, 13–16). Und tatsächlich: Wenn diese Besonderheiten der 7. Schale auch über die gegenwärtigen Machtmöglichkeiten hinauszugreifen scheinen, sind sie doch keine Utopie, sondern ragen als bevorstehende Möglichkeit bereits in unsere Zeit herein. Sie verlangen bereits unserer Zeit, der Zeit des sechsten Siegels, die Entscheidung ab: Für oder gegen Gott und Sein Gebot.

Die Blitze und Donnerschläge verfließen mit der 7. Schale geradezu in ein fortdröhnendes Donnerrollen: Die Menschen scheinen allen Verstand verloren zu haben und scheinen tatsächlich alle vorbereiteten nuklearen Bomben in einem fortlaufenden gegenseitigen Nuklearbeschuß einzusetzen. Wie das »große Babylon« in diesem nuklearen Beschuß untergegangen ist, sinken auch die Städte der Heiden in Trümmer. Die Städte der Heiden? Ist das vielleicht eine Unterscheidung? Ist die »große Stadt, das große Babylon« vielleicht eine christliche Stadt, die im Götzendienst ihres Luxus und ihrer Unzucht den Geboten Gottes hohngesprochen und die im Vertrauen auf die Waffen der Streitkräfte den Drachen angebetet hatte? Ein Erdbeben entsteht, wie nie seit Menschengedenken (Apk 16, 18–19)!

Von normalen Wasserstoffbomben können Beben solchen Ausmaßes nicht unmittelbar bewirkt werden, denn die großen tektonischen Beben tätigen um viele Größenordnungen höhere Energien. Aber man kennt die sogenannten Relaisbeben, bei denen natürlich gegebene Bebendispositionen durch Reizung der Erdkruste sekundär ausgelöst werden. Verursacht durch die thermischen Kräfte des Erdinnern entstehen in der Erdkruste immer wieder neu gewaltige Spannungen, die jedoch normalerweise erst mit Überschreiten gewisser kritischer Werte zu Erdrißbildungen führen; Erdrißbildungen, die als Erdbeben in Erscheinung treten. Es ist dabei möglich, daß Spannungen mehr oder minder lange Zeit nahe diesen kritischen Werten stehen, bis das Beben tatsächlich hervorbricht, oder vor Erreichen dieser kritischen Werte durch langsame plastische Deformationen wieder ausgeglichen werden; ohne Beben. Würde also vielleicht eine entsprechend starke Reizung der Erdkruste – die Beben mehr oder minder langer Zeitspannen zusammenfassend und die sich sonst ausgleichenden Spannungen miteinschließend – zu einem gewaltigen Weltbeben führen können? Zwar sind nukleare Detonationen viel energieärmer als die schwachen, fast unentwegt geschehenden Erdbeben. Aber die normale Bebenenergiefreisetzung verteilt sich über Sekunden und viele Kilometer, die der nuklearen Detonationen ist konzentriert auf Mikrosekunden und praktisch punktförmig. Eine wesentlich stärkere Reizwirkung durch nukleare Detonationen als durch normale Primärbeben ist daher nicht unmöglich.

Oder handelt es sich bei diesem Beben der 7. Schale doch um nukleare Detonationen überdimensionaler Ladungen?

Große Fragezeichen, aber durchaus vermutbare Möglichkeiten umgeben diese 7. Schale mit ihren unfaßlichen Ankündigungen, daß alle Inseln verschwinden (Flutwellen?), daß die Berge unsichtbar werden (Qualm?) und daß zentnerschwerer Hagel (Bombenhagel?) in besonders entsetzlicher Weise niedergeht, weswegen die Menschen Gott lästern (Apk 16, 20–21).

Aber: Überstehen also Horden von Menschen, die sich offen gegen Gott empören, diesen Schlußakt? Ist dies also gar kein Schlußakt? – Bei allen Arten von Kriegführung und allen Arten von Naturkatastrophen könnte man dies durchaus folgern; nicht aber bei einer weltweiten radioaktiven Verseuchung der Atmosphäre. Der siebte Engel goß ja seine Schale in die Luft (!) aus (Apk 16, 17). Immer, immer und immer wieder weisen die Strahlenschutzphysiker auf die Radioisotopen langer physikalischer und biologischer Halbwertszeit hin, die mit nuklearen Detonationen in die Atmosphäre gelangen und sich dort über Jahre schwebend erhalten. Kennzeichnend für die sich überallhin verbreitende Radioaktivität ist deren mehrfache Integralwirkung über die Zeit: Nach Verstummen des Donnerrollens während der dann nachfolgenden Monate, Jahre und Jahrzehnte rafft sie die letzten Milliarden, die letzten Millionen, die letzten Tausende dahin: Das Ende der Geschichte!

Zweites Teilgeschehen:

Die Geschlossenheit der Darstellung gestattet es nirgends, bei Einzelheiten zu verweilen. Ein sehr wichtiger und für die geschichtliche Einsicht bedeutsamer Teilausschnitt ist jedoch das Geschehen um die »große Buhlerin«, die Metropole einer Großmacht mit Freiwirtschaft. Deshalb erfolgt nun eine Ankündigung, die nochmals zurückgreift auf eine Zeit vor den sieben Schalen (Apk 17 bis Apk 19).

»Da kam einer von den sieben Engeln mit den sieben Schalen und sprach zu mir: ›Komm, ich will dir das Gericht über die große Buhlerin zeigen, die an vielen Wassern sitzt. Die Könige der Erde haben mit ihr gebuhlt, und die Erdenbewohner haben sich an ihrem Buhlwein berauscht‹« (Apk 17, 1–2).

Die Merkwürdigkeiten, die diese Buhlerin und das Tier, auf dem sie reitet, aufweisen (Apk 17), setzen sie in eine erschreckend enge Parallele mit unseren derzeitigen Gegebenheiten.

Die »Verbrennung« dieser Weltstadt »im Feuer« innerhalb einer einzigen Stunde (!) wird von gewaltigen Reden im Himmel begleitet (Apk 18, 1–8). Der »andere Engel«, der hierbei »vom

Himmel niederstieg« und den Vollzug ihrer Vernichtung ankündigt, »hatte große Macht, und die Erde ward von seinem Glanze erleuchtet«; – auch Insignien der nuklearen Detonation nach einem Fernbeschuß.

Dem Untergang dieser freien, reichen Seestadt folgt der große Klagegesang der Machthaber, Kaufleute und Seefahrer (Apk 18, 9–20).

Die Machthaber, wenn sie den Rauch(!) ihrer Vernichtung sehen, »stehen aus Furcht vor ihrer Qual von ferne« und rufen: »Du große Stadt, du mächtige Stadt, in einer einzigen Stunde kam das Gericht über dich.« Die Kaufleute rufen »aus Furcht vor ihrer Qual weinend und trauernd von ferne stehend«: »In einer einzigen Stunde ist so großer Reichtum vernichtet.« Die Schiffer »stehen von ferne« klagend: »In einer einzigen Stunde ward sie verwüstet.« (Apk 18, 10; Apk 18, 15; Apk 18, 17).

Warum in einer einzigen Stunde? Es ist die effektive Schußzeit der Interkontinentalraketen. Und warum so in Furcht von ferne angesichts des Rauches? Man vermeidet voll Entsetzen die Zwanzigtausend km^2, die durch den Detonationsqualm tödlich radioverseucht sind.

Diesem überaus bezeichnenden Klagegesang folgt nochmals eine sinnbildliche Demonstration ihrer Vernichtung durch einen Engel (Apk 18, 21–24), der »einen Stein, so groß wie einen Mühlstein, ins Meer warf«: Wasserstoffbomben haben etwa einige hundert Kilogramm; etwa die Größe eines Mühlsteins. Seestädte werden am wirksamsten vernichtet, wenn man eine solche Bombe in ihren Hafen, in das Meer vor ihr einschießt und detoniert, damit die ungeheure Energie Substanz für ein mechanisch wirksames Dampfvolumen findet. Genau entsprechend wird an anderer Stelle (Apk 16, 18–19) berichtet, daß es die »große Stadt« in drei Teile auseinandertreibt; in die drei Teile der drei Seiten, nachdem die vierte Seite mit dem Hafen ans Meer grenzt.

Gott selbst hat den Gedanken zu einem Verhalten eingegeben (Apk 17, 17), das die Zerstörung der Weltstadt »im Feuer« zur Folge hat (Apk 17, 16) – und großer Jubel erhebt sich im Himmel anläßlich der vollkommenen Vernichtung dieser überaus großen, mächtigen und reichen Stadt: »Alleluja! Das Heil, die Herrlichkeit und die Macht gehören unserem Gott. Wahrhaftig und gerecht sind Deine Gerichte.« »Alleluja! Der Rauch von ihr steigt auf von Ewigkeit zu Ewigkeit« (Apk 19, 1–5).

Über den jagenden Stoßwellen und dem rollenden Donner des sich fortsetzenden Krieges vollzieht sich die jenseitige Vereinigung der Kirche mit Gott: »Dann hörte ich, wie eine große Schar gleich dem Rauschen vieler Wasser und gleich dem Rollen starker Donner sang: ›Alleluja! Der Herr, unser Gott, der Allmächtige, hat die Herrschaft übernommen. Laßt uns froh sein und jubeln und ihm die Ehre geben! Die Hochzeit des Lammes ist gekommen, seine Braut hält sich bereit. Sie durfte sich in glänzend reines Linnen kleiden.‹ Das Linnen bedeutet die gerechten Werke der Heiligen« (Apk 19, 6–8).

»Dann sprach er (der Schalenengel, der dieses Teilgeschehen zeigte) zu mir (dem Verfasser der Apokalypse): ›Schreibe: Selig, die zum Hochzeitsmahle des Lammes geladen sind!‹ Er fügte hinzu: ›Das sind die wahrhaftigen Worte Gottes.‹ Da fiel ich ihm zu Füßen, ihn anzubeten. Doch er sprach zu mir: ›Nicht doch! Ich bin nur dein und deiner Brüder Mitknecht, die das Zeugnis Jesu haben. Gott bete an!‹ Das Zeugnis Jesu ist der Geist der Prophetie.« (Apk 19, 9–10).

Während der Rauch der Metropole die Zeiten erfüllt und den Menschen während des forttobenden Krieges mahnend vorschwebt (Apk 19, 1–5 wie Apk 14, 8), mündet auch dieses Teilgeschehen gleichsam in die Flanke des heilsgeschichtlichen Gesamtgeschehens ein; noch vor den sieben Schalen. Genau entsprechend der dortigen Ankündigung (Apk 14) wird uns nochmals der Herr mit seinem Gefolge (Apk 19, 11–16 wie Apk 14, 1–5) und die Verdammung des Tieres samt der Vernichtung seiner Anhänger vorgestellt (Apk 19, 17–21 wie Apk 14, 14–20; Apk 17, 14).

Besonders eindringlich wird diesmal das Wesen der göttlichen Regentschaft und das Wesen des Gerichts angekündigt: Der Richter und Regent mit »eisernem Zepter« auf weißem Roß heißt der »Treue und Wahrhaftige«. Seine Name ist »Wort Gottes«. Die himmlischen Heerscharen folgen Ihm in glänzend weißem Linnen auf weißen Rossen. Aus Seinem Munde fährt ein scharfes Schwert, um damit die Völker zu schlagen. Er ist der König der Könige, der Herr der Herrscher. Der Herr der Herrscher führt kein Schwert in der Hand; auch nicht die himmlischen Heerscharen. Die »Völker« fallen allein durch das Schwert, das aus dem Munde dessen kommt, der »Wort Gottes« genannt wird (Apk 19, 15; Apk 19, 21).

»Im Anfang war das Wort, und das Wort war bei Gott, und das Wort war Gott. Durch dieses ist alles geworden, und ohne es ward nichts von allem, was geworden ist. In ihm war das Leben, und das Leben war das Licht der Menschen. Das Licht leuchtet in der Finsternis; allein die Finsternis hat es nicht ergriffen« (Jo 1, 1–5).

Die Allmacht Gottes hat von Anfang an die Welt mit Seinem Wort so geschaffen, daß Leben nur im Lichte des Geistes Gottes ist. Doch die Finsternis hat es nicht ergriffen. Von Anfang an ist die Welt so geschaffen, daß das Abgefallene und Unwahrhaftige sich in sich selbst vernichtet auf Grund eines der Schöpfung mitgegebenen Gesetzes, mächtiger als alle Gesetze unseres Denkens, und unserer Apparaturen: die Gerechtigkeit.

Nachgeschehen:

Das heilsgeschichtliche Gesamtgeschehen ist damit beendet. Mit der 7. Schale ist der Tod über den ganzen Erdkreis gekommen. Aber die Apokalypse ist damit noch nicht beendet.

Es folgt eine Auferstehung der Heiligen für eine Herrschaft mit Christus in der Zwischenzeit vor dem Weltgericht; eine Auferstehung der »Lebenden« im Fleische. Alle übrigen, die »Toten«, kehren erst im Weltgericht wieder, dem Gericht über »Lebende und Tote«; dem Gericht im Angesicht zu Angesicht Gottes jenseits von Raum und Zeit (Apk 20).

Was war, ist vergangen. Es spricht der Herr; der Herr über Leben und Tod; der, der ist, weil er ist: »Siehe, Ich mache alles neu« (Apk 21 und Apk 22).

»Was kein Auge geschaut und kein Ohr gehört, was kein Menschenherz sich je gedacht, hat Gott denen bereitet, die Ihn lieben« (1 Kor 2, 9).

Die die Liebe hatten, waren erfüllt von der allgewaltigen Macht und Gnade des Herrn. In Reue glaubten sie an Vergebung und voll Vertrauen hofften sie auf Erlösung. Ihnen ist Anteil an der Ruhe und Herrlichkeit dessen, der dem Wandel nicht unterworfen ist; ihnen ist Anteil am ewigen Leben des all-ein Seienden.

Die Gedanken und Taten einiger waren so vor dem Herrn des All erschienen:

»Gedenke nicht unserer Anmaßung, der Du der Weisen Weisheit zunichte machst und der Verständigen Verstand verwirfst. Die Liebe zu Dir und die Liebe Deiner Kinder untereinander haben wir als höchstes Gebot gepriesen – und doch haben wir die Gemeinschaft der Christen, die Einheit Deiner Kirche zerrissen und Verstörung über die Erde gebracht.

Fordere nicht von uns die vernichtete Welt, die unseretwegen den Glauben an Dich nicht gefunden hat und sich gegen Dich erhoben hat. Räche nicht an uns das Blut derer, die unseretwegen Deinen Frieden nicht erhalten haben und Gewalttat geübt haben.

Wir bitten Dich um die Vergebung und die Erlösung, die Deine Liebe und Deine Barmherzigkeit mit Deinem Opfer bereitet und mit Deinem Wort verkündet hat« (vgl 1 Kor 1, 19; vgl Jo 17, 23).

Die Gedanken und Taten anderer waren so vor dem Herrn des Gerichts erschienen:

»In Deinem Geiste haben wir der Welt den wahren Glauben abverlangt; verurteile Du die Ungläubigen und Abtrünnigen. In

Deinem Namen haben wir der Welt den wahren Frieden vorgehalten; verurteile Du die Unwilligen und Verderbenbereitenden.

Als Deine Helfer haben wir durch unsere Partei die Predigt Deines Wortes und die Erziehung Deiner Kinder gesichert. Als Dein Werkzeug sind wir mit opfervoller Bereitung Vernichtung androhender Gewalt Deinen und unseren Feinden entgegengetreten; mit Waffen, die Du uns gegeben hast, den Untergang riskierend.

Wegen der Schuld derer, die uns nicht glaubten und nicht vertrauten, hat Dein Zorn und Deine Gerechtigkeit das Verderben über die Erde gebracht. Der Rauch der verbrannten Erde steigt auf als Wahrzeichen unserer Treue zu Dir.«

Die sich selbst zum Maß gemacht hatten, waren dem Wahn verfallen, daß der Schöpfer des Alls ihrer und ihrer Untaten bedürfe. In ihrem Hochmut und ihrer Herzenshärte kannten sie nur sich; vertrauend auf ihr eitles Denken. Ihnen bleibt das Schicksal all desjenigen Geschaffenen, das sich losgelöst vom Schöpfer behauptet; sie bleiben dem Wandel unterworfen mit Kampf, Leid und Tod.

Der Beweise und Definitionen bedurfte man im Gerichte nicht. Streit und Kampf gab es vor dem Allmächtigen nicht. Alles war erstaunlich einfach im Angesicht des ewigen Gottes.

Nachwort

Das vorliegende Taschenbuch ist gegenüber der vollständigen Buchausgabe um ein Drittel gekürzt worden, vor allem den physikalisch-technischen Teil.

Der evangelische Verlag gibt die biblische Arbeit eines katholischen Autors heraus, weil sie auch für einen evangelischen Leserkreis von großer Bedeutung ist. Diese Entscheidung rechtfertigt sich einmal dadurch, daß der Verfasser zwar überzeugter Katholik ist, als solcher aber eine echte ökumenische Gesinnung ausstrahlt. So wirkt er z. B. als Redner an den Internationalen Studententreffen in der Heimstätte Moscia bei Ascona, obwohl diese jährlichen Zusammenkünfte von evangelischen Christen veranstaltet sind. Alle, nicht nur die bis zu einem Viertel ausmachenden katholischen Studenten schätzen seine freie und auf das Wesentliche zielende Einstellung.

Sodann ist das Thema seiner Ausführungen derart, daß es wirklich unterschiedslos alle angeht, die sich Christen nennen. Nicht die Frage der rechten Kirche steht hier zur Diskussion, sondern die Krisis der Christen, ja der Welt überhaupt. Wenn irgendwo die von Menschen errichteten Unterscheidungen aufgehoben werden ohne Verstoß gegen die Wahrheit, dann in der Verfolgung, im Leiden, im Gericht. Davon aber handeln das letzte Buch der Bibel, die Apokalypse, und die hier dargebotene Auslegung.

Zum ersten Mal wird eine derart umfassende Deutung des nuklearen Zeitalters im Zeichen der biblischen Prophetie gegeben und zwar bedeutsam genug, nicht von einem Theologen, sondern von einem Kernphysiker.

Es wäre ein bedauernswerter Kurzschluß, wenn sich Leser an Einzelheiten der Auslegung stoßen sollten und darin eine Berechtigung fänden, das Ganze abzulehnen. Man darf ohne weiteres voraussetzen, daß bei einem so gewaltigen Entwurf vieles korrigiert und vielleicht auch anders begründet werden muß oder kann. Der Verfasser ist nicht der letzte, der das zugesteht. Bei anderen mag die Überraschung wieder so groß sein, daß sie angesichts einer derart konsequent wörtlichen Auslegung auf Pauschalurteile wie »biblizistisch« oder »fundamentalistisch« verfallen. Einige Überlegungen mögen dazu dienen, daß der Leser für den eigentlichen Anruf des Buches offen bleiben kann:

Namhafte Autoren unserer Zeit sprechen von einer sich fortwährend beschleunigenden Entwicklung zum Verhängnis hin. Karl Jaspers, C. Fr. v. Weizsäcker, Bertrand Russell, Albert Schweitzer und viele andere warnen uns mit eindringlichen Worten, daß wir verloren sind, wenn wir nicht umkehren. Selten aber sagt einer, worin die eigentliche und notwendige Umkehr besteht: die Umkehr zu Gott. In diesem einen Ruf läßt sich die prophetische Botschaft der Bibel zusammenfassen.

»Wenn ihr nicht umkehrt, werdet ihr alle in euren Sünden sterben.« Man darf diese für alle andern stehende Aussage von Jesus nicht als primitive Drohung auffassen. Es ist die prophetische Einsicht in die Grundverfassung der Welt und in das Wesen des heiligen Gottes, die darin zum Ausdruck kommt. So gesehen, kann niemand der Liebe wehren, wenn sie vor einem Unheil warnen muß.

Man mag sich zum Wesen der Prophezeiung verhalten wie man will, das eine steht außer Diskussion: die biblischen Autoren waren alle von der einen Gewißheit durchdrungen, daß der Weltlauf einer letzten und absoluten Entscheidung zustrebt. Und im Maße, wie die christliche Kirche auf das Wort der Propheten und Apostel hörte, ließ sie sich nicht beirren von optimistischen oder pessimistischen Zeitströmungen.

Die biblischen Autoren sehen »das Geheimnis der Bosheit«, das Wesen des »Antichristus« schon wirksam in ihrer Zeit. Sie wissen, daß dieser Prozeß einer letzten Ausreifung und Ausscheidung zuläuft. Dabei bilden die zeitgenössischen Verkörperungen dieses Prozesses nur die jeweils aktuelle Umkleidung des Grundgerüstes. Psychologische Kriegsführung, totaler Krieg, Gleichgewicht des Schreckens, atomare Waffen und Bomben, diese uns geläufigen Ausdrücke weisen unmißverständlich auf die Zerstörungspotenz unserer Zeit hin. Die Struktur der Vernichtungsgewalt, eben »das Geheimnis des Bösen« wird an ihnen zeichenhaft sichtbar. So gesehen, muß es uns nicht wundern, wenn die Apokalypse in ihrer Bildsprache so von den letzten Grundlagen und Zielen der Weltgeschichte spricht, daß wir heute ihre aktuellste Auslegung in den Entwicklungen der nukleartechnischen Rüstung finden.

Obwohl der Verfasser deutlich darauf aufmerksam macht, kann es nicht oft genug wiederholt werden, daß weder die Apokalypse selbst noch dieser Versuch einer modernen Auslegung die Absicht haben, den Leser durch Drohungen einzuschüchtern oder zu Entscheidungen zu zwingen. In der Apokalypse lesen wir, daß die Menschen selbst dann nicht Buße tun und zu Gott umkehren, wenn sie mitten in den furchtbarsten Gerichten stehen.

Die Propheten rufen das Volk zur Umkehr, nicht weil die Gerichte bevorstehen, sondern weil die Menschen von Gott abgewichen sind. Die aufgeschobenen Gerichte sind nicht Grund und Zweck, sondern Folge der Umkehr zu Gott, weil erst in der wiederhergestellten Gemeinschaft der Menschen mit ihrem Schöpfer und Erlöser die zwangsläufige Vernichtungsgewalt des Bösen durchbrochen wird. Wo aber die Umkehr nicht echt ist, weil sie aus Berechnung geschah, wird sie jedesmal versanden, wenn die unmittelbare Gefahr weicht. Wenn dieses Buch dazu dient, daß wir nicht in zweitrangigen Auseinandersetzungen steckenbleiben, sondern wirklich zu Gott umkehren, dann hat es seinen Anruf ausgerichtet.

Hans Bürki

Inhalt